Widmung:

Dieses Buch widme ich all jenen Menschen, die sich auf den Weg machen, um ihre Sehnsucht nach einem erfolgreichen und glücklichen Leben zu erfüllen.

„Wenn die Sehnsucht größer als die Angst ist, wird der Mut geboren. Ohne Sehnsucht machen wir uns nicht auf den Weg."

(unbekannter Verfasser)

Liebe Leserinnen, liebe Leser,

in meinen zahlreichen Seminaren und Coachings durfte ich die Erfahrung machen, dass Menschen es sehr schätzen, wenn ich sie persönlich mit ihrem Vornamen anspreche. Gerne nehmen die Teilnehmerinnen und Teilnehmer mein DU-Wort an und auch ich mag es, wenn diese Menschen, die ich ein kleines Stück ihres Lebens begleiten darf, mich duzen und Rudi zu mir sagen. Vielleicht haben Sie bereits mein erstes Buch mit dem Titel „Endlich abschalten können" gelesen und wir sind bereits per DU. Ansonsten gestatten Sie mir bitte, dass auch ich Ihnen an dieser Stelle das DU anbiete, um DICH ganz persönlich anzusprechen. Wenn Du also während des Lesens gedanklich mit mir als Autor sprichst, so sag einfach DU zu mir und sprich mich bitte mit Rudi an – Herzlichen Dank!

In meinem Buch werde ich aus Gründen der Leserlichkeit auf die separate Schreibweise von weiblichen Titeln verzichten. Selbstverständlich möchte ich Frauen und Männer gleichermaßen ansprechen.

Rudolf Beirer

Ziele
die glücklich machen

Das Selbstmanagement-Navi

Bibliografische Information der Deutschen Nationalbibliothek.

Die Deutsche Nationalbibliothek verzeichnet diese Publikation in der Deutschen Nationalbibliografie; detaillierte bibliografische Daten sind im Internet über http://dnb.dnb.de abrufbar.

Cover-Layout : © image-for-you.de
Navi-Foto: Jörg Lantelme, fotolia.com
Leuchtturm (mit Lebensfreude-Schild):
Thomas Reimer, fotolia.com
Leuchtturm (Cover-Foto):
kevron2001, fotolia.com

Redaktion:
Hubert Hunscheidt
text & medien
D-86983 Lechbruck am See
www.hunscheidt-textundmedien.de

Herstellung und Verlag:
BoD - Books on Demand, Norderstedt

ISBN: 978-3-7460-9352-9

Inhaltsverzeichnis

Was ist Glück?

Gerne stelle ich zu Beginn meiner Seminare und Vorträge die Frage nach der Definition des Wortes „Glück". Du kannst dir sicher vorstellen, dass dieser Einstieg ein Nachdenken auslöst und die Antwort der Teilnehmer meist etwas auf sich warten lässt. So mancher Zuhörer zeigt sich überrascht und versteht zunächst nicht, was Glück beispielsweise mit Management oder mit Führung zu tun hat.

Sobald wir uns jedoch mit den Fähigkeiten, Interessen und Möglichkeiten von Menschen beschäftigen, begegnen wir automatisch der Frage nach den Antreibern für menschliches Verhalten.

Du strebst nach Glück!

Vergleichbar mit Pflanzen, deren Wachstum auf das Sonnenlicht ausgerichtet ist, folgen wir Menschen einem inneren Programm, welches unsere Sehnsucht nach einem glücklichen Leben erfüllen möchte. Das Streben nach Glück bzw. dessen Erhaltung ist unser ureigenster Antrieb, der uns in Bewegung setzt und unsere Entscheidungen prägt.

Auf die Frage, was „Glück" für sie persönlich bedeutet, antworten die Teilnehmer häufig mit:

- Gesundheit
- Harmonisches Familienleben
- Liebevolle Partnerschaft
- Erfolg im Beruf
- Materieller Wohlstand
- Gelassenheit
- Zeit für mich selbst
- Innere Ruhe
- Sinnvolle Freizeitgestaltung
- Gute soziale Kontakte ...

Wusstest Du, dass es eine Wissenschaft gibt, die sich mit der Erforschung des „Glücks" beschäftigt? Der US-Ökonom Richard Easterlin (University of Southern California, Los Angeles) untersuchte den Zusammenhang zwischen Wohlstand und Glück und entdeckte, dass während der letzten dreißig Jahre in vielen reichen Ländern, wie etwa den USA, Japan oder Deutschland das Glück gesunken ist, obwohl das Bruttoinlandsprodukt stetig angewachsen ist.

Geld alleine macht dich nicht glücklich!

Dieses „Easterlin-Paradox" wird dich jetzt sicherlich nicht vom Hocker hauen. Vielleicht bestätigt es jedoch deine Erfahrung, dass ein Zuwachs an materiellem Wohlstand nicht automatisch glücklicher macht.

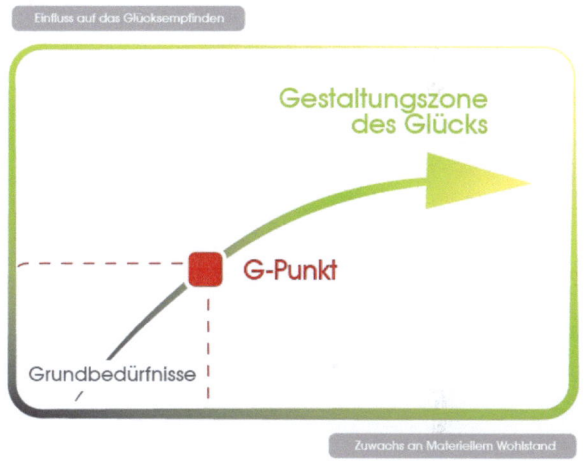

Einfluss auf das Glücksempfinden

Gestaltungszone
des Glücks

G-Punkt

Grundbedürfnisse

Zuwachs an Materiellem Wohlstand

Die Grafik zeigt dir bildhaft, dass der Zuwachs an materiellem Wohlstand sich stark positiv auf die Empfindung von Glück auswirkt, solange die Grundbedürfnisse noch nicht gänzlich abgedeckt sind. Verfügen wir jedoch über Nahrung im Überfluss, über jede Menge an Kleidung und über ein gemütliches zu Hause, haben wir den „G-Punkt" erreicht und der materielle Einfluss auf unsere subjektive Wahrnehmung des Glücks nimmt stetig ab.

Der G-Punkt

Der „G-Punkt", den ich meine, beschreibt den Übergang von der materiellen Existenzsicherung hin zur Gestaltungszone des Glücks. Der Buchstabe „G" steht also für den Begriff „Gestalten".

Werde zum Insider deiner eigenen Glückszone und gestalte dein Glück!

Wir Konsumenten der westlichen Industrieländer leben großteils in einer Überflussgesellschaft, die den G-Punkt seit Jahren überschritten hat. Ungeachtet dessen, folgen wir unserem genetischen Programm und streben weiter nach unserem Glück. Wir sind jedoch für die Gestaltungszone des Glücks, in die wir vorgedrungen sind, nicht vorbereitet. Es fehlt uns die Orientierung, weshalb wir in diesem neuen unbekannten Terrain umher irren. Ohne Kompass bleiben wir lediglich blinde Suchende, die auf Zufälle hoffen müssen. Es fehlt uns vielfach das Wissen, wie wir unsere eigene glückliche Zukunft aktiv gestalten können und worauf es wirklich ankommt. Bevor ich dich in deine Gestaltungszone des Glücks begleite, möchte ich dir noch meine persönliche Antwort auf die Frage geben, was Glück ist. Natürlich gibt es wissenschaftliche und philosophische Definitionen von Glück. Mir sind diese allerdings zu ausschweifend, weshalb ich Dir gerne meine eigene Glücksformel anbiete:

Glück = Lebensfreude!

Der US-amerikanische Anthropologe und Psychologe, Paul Ekman, wurde durch seine wissenschaftlichen Arbeiten zur nonverbalen Kommunikation bekannt. Er entdeckte Übereinstimmungen in den emotionalen Gesichtsausdrücken verschiedenster Kulturen und erstellte eine Klassifikation, die er FACS (Facial Action Coding System) nannte. Diese von Ekman beschriebenen Gesichtsausdrücke sind nicht kulturell erlernt, sondern genetisch bedingt und drücken die sechs Basisemotionen des Menschen aus:

- Freude
- Wut
- Schreck
- Ekel
- Furcht
- Trauer

Was fällt dir an diesen sechs Basisemotionen auf?

Richtig! Unsere ureigensten Gefühle sind negativ mit einer Ausnahme: Unsere Freude! Wahrscheinlich haben sich die negativen Emotionen deshalb stärker in uns ausgeprägt, da unsere Vorfahren häufig lebensbedrohlichen Situationen ausgesetzt waren. Sie mussten Gefahren möglichst frühzeitig erkennen und schnell reagieren, um ihr Überleben zu sichern. So befähigte die Wut den homo erectus zum Angriff, während die Furcht zur Flucht veranlasste und der Schrecken einen Totstellreflex auslöste. Der Ekel wiederum sorgte dafür, dass verdorbene Nahrung vermieden wurde und die Trauer half, nach Verlusterlebnissen die Zuwendung der Sippe zu erhalten.

Die Freude hingegen ist die einzige Basisemotion, die in uns Glücksgefühle entstehen lässt. Oder kannst du dir vorstellen, dass dich Ärger, Schrecken, Ekel, Furcht oder Trauer glücklich machen? Wohl kaum! Das Gefühl der Freude fördert soziale Beziehungen und ist Ausdruck unseres Bindungsverhaltens. Wenn Babys lächeln, löst dies insbesondere bei Müttern starke Glücksgefühle aus.

Deine Freude ist die Quelle deines Glücks!

Die Freude entfaltet eine unglaubliche Lebenskraft, die auch unsere Wahrnehmung positiv verändert. Wir werden toleranter, geduldiger, großzügiger und gelassener und können die Welt mehr genießen und das Wertvolle mehr schätzen. Die Freude lässt uns auch mehr Selbstvertrauen spüren.

Die drei Ebenen der Motivation

Wie du aus dem nachstehenden Modell sehen kannst, unterscheide ich zwischen drei Ebenen der Motivation:

- Die Druck-Motivation
- Die Zufriedenheits-Motivation
- Die Freude-Motivation

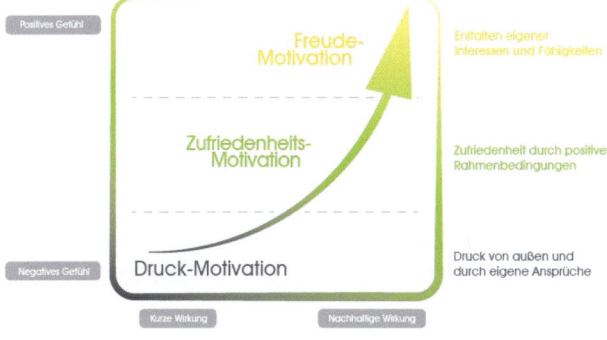

Kannst Du das Gemeinsame dieser Gedanken erkennen?

Die Druck-Motivation

Wir Menschen setzen uns in Bewegung, um schmerzliche Erfahrungen zu vermeiden. Die Angst vor negativen Konsequenzen erzeugt in uns einen unangenehmen Druck, den wir möglichst rasch auflösen möchten. So büffeln wir beispielsweise für eine bevorstehende Abschlussprüfung, damit wir keinesfalls durchfallen und diese nicht wiederholen müssen oder wir strengen uns im letzten Quartal besonders an, um die Verkaufsziele doch noch zu erreichen und dadurch den drohenden Provisionsverlust abzuwenden. Die Druck-Motivation ist also eine klassische Vermeidungsstrategie, die eine Art Fluchtbewegung auslöst. Du kannst dir sicher vorstellen, dass diese „Weg-von-Bestrafung-Motivation" sich rasch verflüchtigt, sobald die negative Konsequenz wegfällt.

Die Zufriedenheits-Motivation

Zahlreiche Forschungsergebnisse berichten von einem positiven Zusammenhang zwischen der Motivation von Mitarbeitern und deren Arbeitsbedingungen. Folgende Rahmenbedingungen fördern besonders das Engagement von Menschen:

- Anerkennung
- Orientierung
- Vertrauen
- Mitsprache
- Handlungsmöglichkeiten

Wenn Du diese Aufzählung auf einem Blick siehst, wird dir wahrscheinlich auffallen, dass alle diese Arbeitszufriedenheitsfaktoren sehr von der Führungskultur der Organisation bzw. vom Führungsverhalten des Vorgesetzten beeinflusst werden. Die Qualität der Mitarbeiterführung ist für die Entwicklung einer Zufriedenheits-Motivation entscheidend. Ein effizientes Führungstraining wird deshalb das Bewusstsein der Führungskräfte schärfen, was die Mitarbeiter in den unterschiedlichsten Situationen von ihrem Chef brauchen, um die Unternehmensziele zu erreichen.

Die Zufriedenheits-Motivation wirkt solange die menschlichen Bedürfnisse nach Wertschätzung, Sinn, Kommunikation, Gestalten etc. erfüllt werden. Zu beachten ist jedoch, dass Zufriedenheit noch nicht glücklich macht. Sie ist lediglich eine Voraussetzung für das Empfinden von Glück.

Freude ist Spitzenmotivation

In meinem ersten Buch „Endlich abschalten können" stellte ich die Frage nach dem Lebenssinn und verwendete für die Antwort das Bild einer Rose. Die Lebensaufgabe der Rose besteht darin, ihren Samen zu entfalten und zu einer wunderschönen und einzigartigen Rose zu erblühen. Übersetzt bedeutet diese Metapher, dass wir Menschen die Lebensaufgabe haben, unseren eigenen inneren Wesenskern zu entfalten – zum eigenen Wohle und zum Wohle anderer.

Deine Freude-Motivation entsteht durch deine Selbst-Entfaltung!

Menschen, die in ihrem Umfeld zufrieden sind und die beginnen, ihre Interessen und Fähigkeiten mehr und mehr zu leben, entwickeln eine wohltuende Lebensfreude und sind glücklich. Die Freude-Motivation setzt dauerhaft pure Lebensenergie frei, wodurch die eigene Persönlichkeit aufblüht und die Lust auf kreatives Schaffen entsteht. Lebensfreudige Menschen beschenken ihre Umwelt mit einem sympathischen Lächeln, das Leichtigkeit und Optimismus ausstrahlt. Sie genießen jeden Tag auf's Neue ohne die Tage bis zum Pensionsantritt zu zählen.

Glückliche Menschen sind nicht nur zufrieden mit ihrem Leben, sondern sie lieben das, was sie tun.

Spitzenleistungen entstehen durch Spitzenmotivation. Deshalb sollten Führungskräfte die Interessen und Fähigkeiten ihrer Mitarbeiter genau kennen, um deren Stärken gezielt zu fördern und sie nach Möglichkeit am richtigen Platz einzusetzen.

Ente oder Adler?

Auf den ersten Blick haben eine Ente und ein Adler viele Gemeinsamkeiten. Sie gehören beide zur Gattung der Vögel und beide haben ein Gefieder und einen Schnabel. Schon beim zweiten Hinsehen jedoch offenbaren sich die deutlichen Unterschiede. Während die Ente flach über dem Boden fliegt, zieht der Adler majestätisch hoch oben in den Lüften seine Kreise. Der Weitblick des Adlers reicht weit über den Horizont des Ententeiches hinaus. Im Gegensatz zu Enten, werden Adler von Menschen nicht gefüttert. Nach ca. 80 Tagen müssen die jungen Adler aus ihrem Horst ausziehen und nach weiteren fünf Monaten verabschieden sie sich endgültig vom „Hotel Mama", indem sie das großräumige Jagdrevier ihrer Eltern verlassen. Ab diesem Zeitpunkt übernehmen die kaum erwachsenen Adler die komplette Verantwortung für ihr eigenes Überleben.

Menschen, die für ihr Leben und für ihr Glück die Selbstverantwortung übernehmen, sind wohl mehr Adler als Ente, nicht wahr? Warte deshalb nicht darauf, bis andere dich mit ihren gut gemeinten Ratschlägen füttern und dir sagen, was das Beste für dich ist. Breite deine Flügel aus und hebe ab, um deine Glückszone jenseits des G-Punktes zu entdecken. Das Selbstmanagement-Navi zeigt dir stets den Weg zu deiner Lebensfreude.

Programmiere dein Selbstmanagement-Navi auf Lebensfreude!

Zufriedenheit ist die Voraussetzung für dein Glück.

Freude macht dich wirklich glücklich!

Freude entsteht, wenn du dein SELBST zu leben beginnst!

Dein Selbstmanagement-Navi führt dich zur Lebensfreude, wenn du es richtig programmierst!

Das Selbstmanagement-Navi

Kannst du dich auch noch an die gedruckten Straßenkarten und Stadtpläne erinnern? An diese großen, endlos gefalteten Papierbögen? Mir kommt gerade mein Italienurlaub in den Sinn, den ich mit meinem ersten Auto antrat. Bevor ich die Reise an die Adria starten konnte, musste ich am Vorabend die Fahrtstrecke mit dem Autoatlas planen, um mir die notwendige Orientierung zu verschaffen. Die Straßenkarte war damals eine wichtige Wegbegleiterin, die meist griffbereit im Handschuhfach oder in der Mittelkonsole meines Gebrauchtwagens lag. So manchen Zwischenstopp musste ich einlegen, um mit Hilfe der Karte zu prüfen, ob ich wohl richtig abgebogen war und nicht selten brauchte ich zusätzlich die Auskunft von hilfsbereiten Passanten oder von freundlichen Tankstellenmitarbeitern.

Seit etwa 1990 sind GPS-gestützte Navigationssysteme für Autos erhältlich und seither hat sich die Routenplanung bedeutend vereinfacht. Wer einmal die Vorzüge des Navis kennen gelernt hat, der möchte auf diesen Assistenten nicht mehr verzichten. Mich fasziniert dieses kleine Wunderkästchen, dass den Autofahrer durch den Dschungel unzähliger Straßen und Kreuzungen punktgenau zum Ziel führt und so nebenbei noch Distanzen, Ankunftszeiten, Verkehrsbehinderungen und Ausweichrouten anzeigt. Die einfache Bedienung macht dieses Gerät noch sympathischer. Der Anwender muss lediglich die Ziel-Adresse eingeben und den Startknopf drücken. Je nach Voreinstellung berechnet der Computer die kürzeste oder die schnellste Wegstrecke zum gewünschten Ankunftspunkt. Eine sensationelle Erfindung, nicht wahr?

Leider sind diese handelsüblichen Navigationsgeräte für das erfolgreiche Durchqueren deiner persönlichen Glückszone nicht geeignet. Deine Gedanken können keine Satellitensignale zur Positionsbestimmung empfangen und für die Fahrt durch deine Zukunft gibt es keine asphaltierten und ausgeschilderten Straßen und Kreuzungen. Die Natur hat allerdings auf eine ganz spezielle Art und Weise für dich vorgesorgt. Du kannst jederzeit auf dein „eingebautes" Selbstmanagement-Navi zurückgreifen. Ich gebe zu, das klingt im ersten Moment etwas abenteuerlich. Aber bevor du mich für verrückt hältst und das Buch zu Seite legst, gib mir bitte die Chance, dieses besondere Orientierungssystem etwas näher zu erläutern:

So wie sich das Wachstum der Pflanzen zum Licht hin ausrichtet, ist das ursprüngliche innere Entwicklungsprogramm der Menschen auf das Glück - oder genauer gesagt - auf die Lebenfreude fokussiert. Alle unsere Ziele, die uns der Lebensfreude näher bringen, dienen uns als wichtige Navigationspunkte auf der Fahrt durch unsere Glückszone.

Wert-volle Ziele sind Leuchttürme auf dem Weg durch deine Glückszone!

Wenn Du ein entfernt gelegenes Ziel erreichen möchtest, wirst du dich entweder in dein Auto setzen oder mit dem Bus, der

Bahn oder dem Flugzeug unterwegs sein. Jedenfalls brauchst du zusätzlich zum definierten Ziel auch die Kraft der Technik zur Fortbewegung. Für deine Reise in Richtung Lebensfreude benötigst du ebenfalls eine kontinuierliche Kraft, die dich zu deinen Leuchttürmen bewegt. Diese Energie wird von deinen persönlichen Stärken für dich bereitgestellt. Gib diesen Potenzialen die Chance, sich zu entfalten!

Deine persönlichen Stärken liefern die Energie für deine Fahrt zur Lebensfreude!

Während einer Fahrt kann es immer wieder auch zu Verkehrsbehinderungen kommen. Auf den Straßen kann dichter Nebel die Sicht behindern, Baustellen können lange Staus verursachen oder Umleitungen können zu erheblichen Zeitverlusten führen.

Einschränkende Glaubenssätze können auch den Weg zu deiner Lebensfreude erschweren, indem sie deinen Mut, deine Zuversicht und deine Motivation schwächen.

Einschränkende Glaubenssätze blockieren den Weg zu deiner Lebensfreude!

Dein eingebautes Selbstmanagement-Navi unterstützt dich tatkräftig auf deinem persönlichen Enwicklungsweg. Es führt dich bei entsprechender Programmierung nicht nur punktgenau zu deinen Entwicklungszielen, sondern lässt dich deine persönlichen Stärken erkennen und entfalten und löst begrenzende Glaubenssätze auf.

Schauen wir uns jetzt an, mit welcher Technik du dein Selbstmanagement-Navi programmieren kannst.

Die mentale Navi-Programmierung

Häufig berichten mir Seminarteilnehmer und Klienten von ihren gescheiterten Vorsätzen. So hatte sich beispielsweise einer vorgenommen, seinen Perfektionismus zu überwinden und endlich mal Gelassenheit zu leben. Ein Anderer wollte seine Projekte zielstrebiger angehen, anstatt sich immer wieder von unwichtigen Aufgaben ablenken zu lassen und ein dritter wiederum wollte regelmäßig früher sein Büro verlassen, um seiner Familie mehr Zeit zu widmen. Die Liste ließe sich noch mit vielen ähnlichen Aussagen von Menschen füllen, die ihre Vorhaben dauerhaft nicht umsetzen konnten.

Kommt dir folgender Satz auch bekannt vor? „Es ist schwierig für mich, mein Verhalten bzw. mein Denken zu ändern, da ich immer wieder in alte Muster zurückfalle."

Wenn du deine Glückszone erfolgreich in Richtung Lebensfreude durchqueren möchtest, brauchst du eine spezielle Technik, um dein Selbstmanagement-Navi optimal zu programmieren. Wie die zahlreichen Beispiele belegen, ist der willentlich gefasste Vorsatz alleine zu wenig für eine dauerhafte positive Veränderung.

Der Wille alleine ist oftmals zu wenig für deine nachhaltig positive Veränderung!

Mit Hilfe der mentalen Programmierung kannst du die Erfolgschancen für deine dauerhafte persönliche Glücks-Entwicklung deutlich erhöhen. Der Begriff „Mental" leitet sich aus dem Lateinischen ab und bedeutet „Geist". Vielleicht hast du schon mal folgenden Spruch gehört: „Mens sana in corpore sano". Die Übersetzung lautet: „Ein gesunder Geist in einem gesunden Körper".

In meinen Vorträgen verwende ich gerne einen handgroßen Spiegel, um das Publikum auf die Komplexität des menschlichen Geistes einzustimmen. Ich bitte einige Zuhörer, sich in diesem Spiegel zu betrachten und mir anschließend zu schildern, was sie darin sehen. Was siehst du, wenn du in einen Spiegel schaust? Wahrscheinlich würdest du mir sagen, dass du dein Gesicht, deine Augen, deine Haare, deine Nase und deinen Mund siehst. Wenn der Spiegel größer ist, dann wirst du darin auch noch deinen Oberkörper, deine Arme und deine Hände erkennen. Aber wer in dir behauptet, dass dies deine Augen, deine Haare, deine Nase und dein Mund sind? Wer stellt diesen Besitzanspruch an deinen

Körper? Wem gehört dein Körper? Wie du wahrscheinlich richtig vermutest, hat es etwas mit dem Geist zu tun, denn dies ist ja jetzt unser Thema.

Dein Geist besitzt deinen Körper!

Wir Menschen haben einen physischen Körper, der von unserem Geist gesteuert wird. Wir sind geistige Wesen. Alles Materielle hat seinenUrsprung in der geistigen Welt. So hört beispielsweise ein Komponist die neue Melodie zunächst in seiner Fantasie, bevor er die Noten aufs Papier bringt. Ein Häuslebauer wiederum entwickelt innere Vorstellungen über sein zukünfitges Zuhause, bevor er sich von einem professionellen Planer konkrete Entwürfe ausarbeiten lässt und sich diese dann mit Holz, Ziegeln oder Beton zur Materie manifestieren.

Dein Geist schafft Materie!

Die Art und Weise unseres Denkens bestimmt unser Verhalten und unser gewohntes Verhalten lässt unsere äußeren Verhältnisse entstehen. Du siehst also, über welche großartige schöpferische Gestaltungskraft unser Geist verfügt. Ich schlage deshalb vor, dass wir uns an dieser Stelle mit der

Arbeitsweise des Geistes näher beschäftigen, denn sie spielt für die Programmierung des Selbstmanagement-Navis eine große Rolle.

Unser Geist ist vergleichbar mit einem großen Unternehmen, das von einer Konzernzentrale gesteuert wird. Das Management entwickelt quantitative und qualitative Ziele, welche an den Produktionsbereich kommuniziert werden. Die Fertigungsabteilungen wiederum übersetzen diese Vorgaben in konkrete Arbeitsabläufe, um die formulierten Erwartungen der Unternehmensführung auch zu erreichen. Das Controlling überwacht kontinuierlich die Produktionszahlen und gibt Feedback über Soll-Ist-Abweichungen, damit nowendige Maßnahmen rechtzeitig gesetzt werden können.

Der Verstand ist das Management unseres Geistes, das unseren Willen in Form von bewussten Gedanken ausdrückt. Unsere bewussten Ziele und Vorsätze werden von unserem Verstand an das Unterbewusstsein mit der Anweisung weitergeleitet, entsprechendes Verhalten zu produzieren. So beschließt der Verstand beispielsweise den Vorsatz, mit Beginn des neuen Jahres endlich mit dem Rauchen aufzuhören, um die Gesundheit nicht weiter zu gefährden. Was für den Verstand völlig klar und vernünftig ist, wird vom Unterbewusstsein noch lange nicht verstand-en.

Dein Verstand und dein Unterbewusstsein sprechen verschiedene Sprachen!

Das häufige Scheitern von guten Vorsätzen bzw. Verhaltensänderungen basiert schlicht weg auf einem Kommunikationsproblem zwischen dem Verstand und dem Unterbewusstsein. Die beiden sprechen einfach eine unterschiedliche Sprache und so kann das verhaltensproduzierende Unterbewusstsein die Anweisungen des Verstandes nicht verstehen. In der Wirtschaftspraxis ist auch häufig zu hören, dass Mitarbeiter in der Fertigung die Vorgaben ihrer Konzernzentrale nicht nachvollziehen können. „Die da oben haben ja keine Ahnung von unserer Arbeit" ist ein Satz, der in diesem Zusammenhang oftmals vom Produktionspersonal ausgesprochen wird.

Damit du dein Selbstmanagement-Navi richtig programmieren kannst, musst du eine Sprache anwenden, welche das Unterbewusstsein auch versteht.

Dein Unterbewusstsein versteht die VAKOG-Sprache!

Die Abkürzung „VAKOG" steht für die fünf menschlichen Sinne, mit denen wir unsere Umwelt wahrnehmen:

V isuell	Sehen
A uditiv	Hören
K inästhetisch	Fühlen
O lfaktorisch	Riechen
G ustatorisch	Schmecken

Du kannst dir dein Unterbewusstsein als eine Hochleistungskamera vorstellen, welche permanent die Signale deiner Umgebung aufzeichnet. Die Besonderheit besteht darin, dass nicht nur Bilder und Töne registriert werden, sondern auch Tastempfindungen, Gerüche und Geschmackseindrücke. Diese Wahrnehmungen werden mit Gefühlen ergänzt und im riesigen Speicher deines Unterbewusstseins abgelegt. Dies erklärt auch, warum einfache Auslöser plötzlich erstaunlich detaillierte Erinnerungen aktivieren können, wie folgendes Beispiel zeigt:

Ein Seminarteilnehmer berichtete von seinem abendlichen Spaziergang durch die

Straßen seiner Stadt. Als er an einem Geschäft vorbeiging, stieg ihm der Duft von brennenden Kerzen in die Nase. Plötzlich erinnerte er sich an den Christbaum, den sein Vater damals so liebevoll mit weißen Kerzen, roten Kugeln und silbernem Lametta geschmückt hatte. Unter den Geschenken befand sich auch der lang ersehnte Holzbaukasten, der in einem grünen, glatten Papier mit goldenen Streifen verpackt war. Mama hatte vom Christikind einen hellen, kuscheligen Wollpullover geschenkt bekommen. Die Großeltern, die inzwischen schon längst verstorben sind, hatten damals diese einzigartig leckeren selbstgebackenen Vanillekipferln mitgebracht und im Radiorecorder war die Musikkassette mit traditionellen Weihnachtsliedern eingelegt. Auch an diesem Heiligabend hatte sich das lange Magnetband verwickelt und sorgte bei Papa für kurzen Unmut. Die Erinnerungen lösten beim Seminarteilnehmer einerseits ein Gefühl der Zufriedenheit aus, andererseits war für ihn auch etwas Wehmut spürbar, da diese unbeschwerten Kindheitserlebnisse der Vergangenheit angehörten.

Wie kann es dem Unterbewusstsein gelingen, längst vergangene Situationen so lebendig wieder zu erleben, als hätten sie erst gestern stattgefunden?

Deine Erinnerungen werden durch die Aktivierung von Wahrnehmungsbausteinen lebendig!

Jeder der fünf Sinneskanäle ist in der Lage, die ankommenden Reize spezifischen Wahrnehmungsbausteinen - den sogenannten Submodalitäten – zuzuordnen.

Die anschließenden Tabellen zeigen dir solche sinnesspezifischen Submodalitäten:

Visuelle Submodalitäten

Hell, dunkel, farbig, schwarz-weiß, scharf, unscharf, Vordergrund, Hintergrund, quadratisch, eckig, rund, groß, klein, nah, fern …

Auditive Submodalitäten

Laut, leise, hoch, tief, deutlich, undeutlich, klar, dumpf, eine Stimme, mehrere Stimmen, sanft, rythmisch, unrythmisch …

Kinästhetische Submodalitäten

Leicht, schwer, rau, glatt, hart, weich, heiß, kalt, stechen, brennen, klopfen, drücken, ruhend, bewegend, anhaltend, pulsierend …

Olfaktorische Submodalitäten

Blumig, fruchtig, grün, würzig, holzig, harzig, rauchig, animalisch, erdig …

Gustatorische Submodalitäten

Süss, sauer, bitter, scharf, salzig, fettig …

Kehren wir zu den Weihnachtserinnerungen des Seminarteilnehmers zurück. Der während des Spazierganges wahrgenommene Kerzenduft löste in ihm eine geruchssensible Erinnerung an die brennenden Kerzen des damaligen Weihnachtsbaumes aus. In weiterer Folge wurden viele der gespeicherten Submodalitäten dieses Weihnachtsabends aktiviert. Die Farben der Kristbaumkugeln, die Gesichter und die Stimmen der Eltern und Großeltern. Die Klänge der Weihnachtslieder, die glatte Oberfläche des Geschenkpapiers, der Vanillegeschmack der Kekse usw. Das Ergebnis war eine faszinierend lebendige Erinnerung.

Nachdem du die Sprache des Unterbewusstseins erkannt hast, geht es im nächsten Schritt darum, dein Selbstmanagement-Navi mit Hilfe der VAKOG-Technik optimal in Richtung „Lebensfreude" zu programmieren.

Du kannst dein Selbstmanagement-Navi ganz einfach mit der VAKOG-Sprache programmieren!

Dein Wille alleine ist oftmals zu wenig für die nachhaltige Umsetzung von Vorsätzen!

Dein effektives Selbstmanagement braucht die Unterstützung deines Unterbewusstseins!

Du aktivierst die Kraft deines mächtigen Unterbewusstseins mit der VAKOG-Sprache!

Mit Hilfe der VAKOG-Sprache kannst du dein Selbstmanagement-Navi in Richtung Lebensfreude programmieren!

Aktivieren der Zielfunktion

Die Zielfunktion deines Selbstmanagement-Navis sorgt dafür, dass du dich jenseits des „G-Punktes" nicht verirrst und du deinen sicheren Kurs in Richtung Lebensfreude findest. Der Weg orientiert sich dabei an deinen wertvollen Zielen, welche deine SELBST-Entfaltung fördern.

Damit die Zielfunktion deines Selbstmanagements-Navis ihren Job optimal erledigen kann, solltest du die nachstehende Bedienungsabfolge unbedingt einhalten:

–   Ziel bestimmen
–   Ziel schriftlich formulieren
–   Ziel im Unterbewusstsein programmieren
–   Ziel auf Stimmigkeit prüfen
–   Zielerreichung verstärken
–   Zielblockaden lösen
–   Ziel erfolgreich umsetzen

Ziel bestimmen

Da jeder Mensch ein einzigartiges SELBST in sich trägt, sind auch die Wege zur Lebensfreude sehr individuell.

Dein Weg zur Lebensfreude ist einzigartig!

Möglicherweise stellst du dir jetzt die Frage, was deine wertvollen Ziele sein könnten. Vielleicht geht es dir wie vielen anderen Menschen, die diese Frage nicht spontan beantworten können. Dies hat einen einzigen Grund: Die Menschen sind sich ihrer wertvollen Ziele häufig nicht bewusst. Sie bewegen sich ziemlich orientierungslos in der Gestaltungszone des Glücks und Momente der Lebensfreude bleiben seltene Zufallstreffer. Dabei gibt es doch die Chance, seine wirklich wertvollen Ziele in den folgenden drei Schritten zu entdecken.

Entdecke deine wirklich wertvollen Ziele in drei Schritten!

Im ersten Schritt überlegst du dir für jeden Lebensbereich Ziele, die du erreichen möchtest. Trage bitte deine Ziele in die nachstehenden Tabellen ein.

Körperliches Wohlbefinden

Beispiele für Ziele: regelmäßige, körperliche Bewegung, gesunde Ernährung, Rauchen aufhören, jährlicher Gesundheitscheck ...

Meine Ziele:

Geistiges Wohlbefinden

Beispiele für Ziele: mehr Gelassenheit, Selbstvertrauen stärken, abschalten können, mehr Zuversicht und Leichtigkeit ...

Meine Ziele:

Partnerschaft

Beispiele für Ziele: idealen Partner finden, bestehende Partnerschaft stärken, mehr Harmonie, mehr Vertrauen und Offenheit ...

Meine Ziele:

Familie

Beispiele für Ziele: gute Ausbildung für die Kinder, Gefühl der Geborgenheit, gemeinsame, positive Erlebnisse, Harmonie und Zusammenhalt ...

Meine Ziele:

Beruf

Beispiele für Ziele: richtigen Beruf finden, berufliche Position festigen, Work-Life-Balance finden, Aufgaben delegieren ...

Meine Ziele:

Finanzen

Beispiele für Ziele: das Einkommen erhöhen, Geld ansparen, die richtigen Investi-
tionen tätigen, Ausgaben reduzieren ...

Meine Ziele:

Freunde

Beispiele für Ziele: Freunde finden, Freunde
regelmäßig treffen, offenes Ohr für Freunde,
Freunde unterstützen ...

Meine Ziele:

Hobbys

Beispiele für Ziele: erfüllendes Hobby finden, Zeitfenster für Hobbys festlegen, Hobby mit Familie verbinden, Hobby genießen ...

Meine Ziele:

Sinn

Beispiele für Ziele: Lebenssinn erkennen, aus Fehlern lernen, Veränderungen positiv annehmen, positive Lebenseinstellung entwickeln ...

Meine Ziele:

Im zweiten Schritt wählst du aus deinen formulierten Zielen die fünf wichtigsten aus und schreibst diese bitte in die unten stehende Liste.

Meine "big five"-Ziele

Ziel 1:

Ziel 2:

Ziel 3:

Ziel 4:

Ziel 5:

Im abschließenden dritten Schritt beantwortest du die Frage, was jedes deiner „big five" Ziele zu deiner Lebensfreude beiträgt. Notiere bitte deine Gedanken in das nachstehende Feld.

Beitrag jedes Zieles zu meiner Lebensfreude:

Das 1. Ziel steigert meine Lebensfreude, weil

Das 2. Ziel steigert meine Lebensfreude, weil

Das 3. Ziel steigert meine Lebensfreude, weil

Das 4. Ziel steigert meine Lebensfreude, weil

Das 5. Ziel steigert meine Lebensfreude, weil

Gratuliere! Du kennst jetzt deine wirklich wertvollen Ziele und damit hast du einen ganz großen Schritt in Richtung deiner Lebensfreude gesetzt. Du bist jetzt vielen anderen Menschen voraus, die ziellos in den Tag hinein leben.

Deine wertvollen Ziele führen dich in Richtung Lebensfreude!

Du kannst deine wertvollen Ziele in drei Schritten entdecken:

1. Schritt: Überlege dir, was du in den einzelnen Lebensbereichen erreichen möchtest.

2. Schritt: Überlege Dir, welche deine „big-five"-Ziele sind.

3. Schritt: Überlege dir, was diese „big five" Ziele zu deiner Lebensfreude beitragen.

Ziel schriftlich formulieren

Ziele, die du nur im Kopf hast, sind sehr unverbindlich und belasten unnötig deinen Arbeitsspeicher im Gehirn. Schriftlich formulierte Ziele haben eine weit höhere Verbindlichkeit, indem sie dir deine Absichten in sichtbaren Worten immer wieder vor Augen führen.

Aus deinen Gedanken werden Worte und aus deinen Worten werden Taten!

Wie bereits erwähnt, braucht ein effektives Selbstmanagement die Mitwirkung des mächtigen Unterbewusstseins. Der Wille deines Verstandes und die Glaubenskraft deines Unbewussten sollten gemeinsam in die gewünschte Zielrichtung arbeiten. Stelle dir doch bitte einen Skirennläufer am Start vor, der das Rennen zwar gewinnen möchte, innerlich jedoch nicht an seinen Erfolg glauben kann. Für diesen Sportler ist es nahezu unmöglich, Siege einzufahren. Du kennst sicherlich auch das viel zitierte Sprichwort, dass "... der Glaube Berge versetzt ..."

Erfolg wird erst möglich, wenn Wille und Glaube in dieselbe Richtung wirken!

Mit deinem Selbstmanagement-Navi kannst du die Unterstützung deines mächtiges Unbewussten optimal aktivieren, indem du bei der Formulierung deiner schriftlichen Ziele drei Punkte berücksichtigst:

1. ICH-Form
2. Gegenwart
3. Positiv

Deinen Zielsatz solltest du unbedingt mit dem Wort „ICH" beginnen, um auszudrücken, dass die Zielerreichung in deiner eigenen Hand liegt. Fremdbestimmte Ziele machen nur abhängig und hilflos und sollten vermieden werden. Enwickle deshalb nur Ziele, die du ausschließlich mit deiner Selbstkompetenz erfüllen kannst. Für dein glückliches Leben ist es wichtig, dich auf jene Dinge zu konzentrieren, die du aus eigener Kraft verändern kannst.

Dein Unterbewusstsein unterstützt nur jene Ziele, deren Erreichung in deiner eigenen Hand liegt!

In meinem ersten Buch mit dem Titel „End-lich abschalten können", habe ich die Zeitsprünge des Verstandes thematisiert. Der innere Denker liebt es, zwischen der Vergangheit und der Zukunft zu pendeln ohne bewusst in der Gegenwart zu verwei-len, in der das reale Leben geschieht. Das wahre Leben findet immer im Hier und Jetzt statt, unabhängig davon, in welcher Zeit sich deine Gedanken gerade bewegen. Wenn du beispielsweise über deinen morgigen Arbeits-tag nachdenkst, finden diese Zukunftsgedan-ken im Hier und Jetzt statt. Dein Unterbe-wusstsein ist unmittelbar mit dem Leben verbunden und kennt deshalb nur die Ge-genwart.

Dein Unterbewusstsein wird nur von Zielen angesprochen, die in der Gegenwart formu-liert sind!

Du siehst, wie du dich mit Hilfe deines Selbstmanagement-Navi's hervorragend auf die Funktionsweise deines Unterbewusst-seins einstellen kannst. Ein weiteres, wichti-ges Kriterium gilt es bei der Zielformulierung noch zu beachten:

Dein Unbewusstes erkennt keine Negatio-nen!

Die Richtigkeit dieser Feststellung kannst du ganz einfach mit der folgenden Aufgabenstellung überprüfen:

„Denke   n i c h t   an einen roten Ball mit weißen Punkten!"

Was passiert, wenn du dieser Anweisung folgst? Genau! Obwohl du aufgefordert wirst, nicht an einen roten Ball mit weißen Punkten zu denken, erscheint dieser unmittelbar und sofort vor deinem geistigen Auge.

Das fehlende Wissen über diese Besonderheit, kann sich fatal auf deine Zukunft und auf deine Entwicklung auswirken. Wie oft sagen Menschen, dass sie keinen Krebs bekommen möchten, dass sie keinen schweren Autounfall erleiden wollen oder dass sie ihren Job nicht verlieren möchten? Solche Aussagen werden vom Unterbewusstsein falsch verstanden und in die ungewollte Richtung verstärkt. In diesem Fall nähren unbewusste Gedanken den irrtümlichen Wunsch nach einer Krebserkrankung, nach einem schweren Autounfall und nach einer Kündigung. Das Unterbewusstsein ist wie ein Ackerboden, der alle eingestreuten Samen wachsen lässt, ganz egal, ob diese erwünscht oder unerwünscht, positiv oder negativ sind.

Dein Unterbewusstsein kann nur dann in eine positive Richtung wirken, wenn deine Ziele positiv formuliert sind!

Achte deshalb unbedingt darauf, deine Gedanken, bzw. Absichten, zukünftig positiv zu formulieren. So könntest du beispielsweise den Wunsch, von einer Krebserkrankung verschont zu bleiben in folgendem Zielsatz ausdrücken: „Ich bewege mich regelmäßig und esse vernünftig und bleibe gesund". Bezogen auf die Angst vor einem möglichen Autounfall könnte dein positiv formuliertes Ziel wie folgt lauten: „Ich fahre umsichtig und ich bin beschützt auf allen meinen Wegen". Den Wunsch, deinen Job zu behalten, kannst du ebenfalls als positives Ziel an dein Unterbewusstsein adressieren: „Ich gebe mein bestes und ich bin dankbar für meine Stelle".

Schriftliche Ziele schaffen Klarheit und Verbindlichkeit!

Dein Unterbewusstsein verstärkt nur Ziele, deren Erreichung in deiner Selbstkompetenz liegen!

Dein Unterbewusstsein kennt nur die Gegenwart und versteht keine Negationen!

Formuliere deine schriftlichen Ziele nach folgenden drei Kriterien:
- ICH-Form
- Gegenwart
- Positiv

Ziel im Unterbewusstsein programmieren

Nachdem du dein Ziel entwickelt und richtig formuliert hast, bietet dir dein Selbstmanagement-Navi den nächsten Bedienungsschritt für eine erfolgreiche Zielerreichung an. Es wartet jetzt darauf, dass du dein schriftliches Ziel mit Hilfe der VAKOG-Sprache in eine lebendige innere Vorstellung übersetzt.

Du kannst im Leben nur das erreichen, was du dir auch vorstellen kannst!

Dein Vorstellungsvermögen entscheidet über Erfolg oder Misserfolg. Wenn du dir beispielsweise eine glückliche Partnerschaft nicht vorstellen kannst, wirst du diese nicht leben können. Du siehst also, wie wertvoll es ist, deine Vorstellungskraft regelmäßig zu trainieren und auf positive Ziele auszurichten.

Nehmen wir an, du hast eine glückliche Partnerschaft für dich als eines deiner „big five" Ziele erkannt und folgenden Zielsatz formuliert: „Ich lebe eine glückliche Partnerschaft." Aktiviere jetzt die VAKOG-Funktion und stelle dir dein Ziel mit geschlossenen Augen möglichst detailliert in allen Einzelheiten vor:

Visuell:
- Wie sieht die Umgebung aus, in der du mit deinem/r Partner/in glücklich bist?
- Wie siehst du in dieser glücklichen Situation aus?
- Wie sieht dein/e Partner/in aus?
- Seid ihr zwei alleine oder sind da noch andere Menschen?

Auditiv:
- Was kannst du alles hören in dieser glücklichen Situation?
- Wie hört sich deine Stimme an und was sagst du?
- Wie hört sich die Stimme deines/r Partners/in an und was sagt er/sie?
- Was kannst du in dieser glücklichen Situation sonst noch alles hören?

Kinästhetisch:
- Was berührst du in dieser Situation und wie fühlt es sich an?
- Wie spürt sich dieses glückliche Gefühl an?

- Wo in deinem Körper spürst du dieses Glücksgefühl am deutlichsten?
- Erlaube dir, dieses angenehme Gefühl von glücklicher Partnerschaft stärker werden zu lassen und genieße dieses angenehme Gefühl.

Olfaktorisch:
- Was kannst du in dieser Situation riechen?
- Wonach riecht dieser Duft?
- Verändere diesen Duft in deiner Vorstellung, sodass er für dich angenehm ist bzw. noch angenehmer wird.

Gustatorisch:
- Was kannst du in dieser glücklichen Situation schmecken?
- Verändere diesen Geschmack in die ner Vorstellung, sodass er für dich an genehm ist bzw. noch angenehmer wird.

Prima! Dein Unterbewusstsein hat jetzt dein Ziel vollständig erkannt und setzt seine Energie zur Erreichung deiner glücklichen Partnerschaft frei. Du beginnst daran zu glauben, dass es auch für dich möglich ist, eine erfüllende Beziehung zu leben. Diese

Einstellung motiviert dich, neue Wege auszuprobieren, um den/die passende/n Partner/in zu finden. Auch deine Wahrnehmung wird wacher, weil sie weiß, wonach sie suchen soll. Deine Ausstrahlung wird positiver und erleichtert dir ein offeneres Zugehen auf Menschen.

Übersetze deine schriftlichen Ziele in die VAKOG-Sprache, damit dein Unterbewusstsein lebendige Vorstellungen produzieren kann!

Du kannst im Leben nur das erreichen, was du dir auch vorstellen kannst!
Deine Vorstellungskraft entscheidet über Erfolg oder Misserfolg!

Ziel auf Stimmigkeit überprüfen

Wie würdest du den Begriff „Stimmigkeit"
definieren? Vielleicht denkst du jetzt an Re-
dewendungen wie z. B. „in Harmonie sein"
oder „im Einklang sein". Möglicherweise bedeutet für dich Stimmigkeit, wenn sich etwas gut oder richtig anfühlt. Musiker sind
darin geübt, ihr Instrument richtig zu stimmen, damit die Töne harmonisch schwingen
und die Melodien ihren vollen Klang entfalten. Selbst ein großartiger Virtuose kann die
disharmonischen Klänge eines verstimmten
Instrumentes nicht überspielen.

Das Selbstmanagement-Navi sieht vor, dass
du dein programmiertes Ziel auf Stimmigkeit überpüftst. Dies ist entscheidend für
deine Selbstentfaltung und somit für deine
Lebensfreude.

Nur stimmige Ziele machen dich glücklich!

Aus psychologischer Sicht bedeutet Stimmigkeit, dass wir Menschen unseren individuellen Wesenskern leben. Nur wenn wir in Einklang sind mit uns SELBST, spüren wir Harmonie und Lebensfreude. Wir entwickeln
eine wohltuende Ausstrahlung, die auch für
andere sichtbar und spürbar wird.

Als Coach darf ich schon seit vielen Jahren Menschen in ihrer Entwicklung begleiten. Immer wieder kann ich beobachten, dass Menschen unwissentlich nicht stimmige Ziele verfolgen und sich dadurch stark belasten. Ich erinnere mich konkret an einen talentierten jungen Mann, der sich um die Stelle eines Teamleiters beworben hatte und diese Position auch zugesprochen bekam. Wie er mir erzählte, verschlechterte sich sein psychisches und körperliches Wohlbefinden bereits nach wenigen Monaten. Er zeigte sich enttäuscht über sich, da er spürte, dass diese Führungsaufgabe nicht wirklich zu ihm passte, obwohl er den fachlichen Anforderungen leicht gewachsen war. Das höhere Gehalt und das Ansehen rückten bereits kurze Zeit später in den Hintergund, weil er ständig den Druck des Managements in seinem Nacken spürte. Als Teamleiter war es seine Aufgabe, von den Mitarbeitern Leistung einzufordern, diese zu kontrollieren und unliebsame Anweisungen von oben umzusetzen.

Ich bin mir sicher: Hätte dieser junge Mann das Selbstmanagement-Navi angewendet, hätte er sich für diesen Job nicht beworben. Er hätte viel früher seinen stimmigen beruflichen Weg erkannt, der ihm dauerhaft Erfolg und Freude bringt. Heute arbeitet mein damaliger Klient in einer anderen Firma als Fachexperte, frei von jeglicher Führungsverantwortung. Er ist mutig seinem Bauchgefühl gefolgt und hat durch diese berufliche Veränderung deutlich an Lebensfreude gewonnen.

Mit jedem stimmigen Ziel, das du erreichst, gewinnst du an Lebensfreude!

Unser Verstand kann uns sagen, was wir wollen oder was wir nicht wollen. Die Frage, was für uns stimmig ist, kann unser innerer Denker jedoch nicht beantworten. Die Stimmigkeit drückt sich in einem Gefühl aus, dass wir Menschen meist im Bauch spüren. Im menschlichen Bauch sind 100 Millionen Nervenzellen angesiedelt, die weitgehend autonom arbeiten. Die Medizin bezeichnet dieses „Bauchhirn" als enterisches Nervensystem. Es trifft unabhängig vom Gehirn alle für die Verdauung wichtigen Entscheidungen und beheimatet 70 Prozent aller Immun-Abwehrzellen. Ein besonderer Beleg für die Eigenständigkeit des Bauchhirns ist die Erkenntnis, dass dieses nach eingetretenem Hirntot weiter arbeitet.

Dein Bauchgefühl ist dein Emotionsradar!

Das großflächige Bauchhirn ist über den Va-
gusnerv direkt mit dem Gefühlszentrum im
Gehirn, dem limbischen System, verbunden
und reagiert deshalb auf emotionale Befind-
lichkeiten sehr stark. Während positive Gefühle den Magen-Darm-Trakt angenehm
entspannen, verursachen Aufregung und
Stress häufig Blähungen, Sodbrennen, Ma-
gendruck, Durchfälle oder Verstopfungen.
Auf den Punkt gebracht lässt sich sagen, dass
das Bauchgefühl den gegenwärtigen emotionalen Zustand widerspiegelt.

Dein Bauchgefühl lässt dich also spüren, ob
sich eine echte oder vorgestellte Situation
für dich gut oder belastend anfühlt.

Die Stimmigkeit spürst du über dein Bauchgefühl!

Achte also darauf, wie dein Bauch auf deine
Zielvorstellung reagiert. Ist dein Bauchgefühl angenehm, so dient dein Ziel deiner
Selbstentfaltung und fördert deine Lebensfreude. Bei negativen Bauchsignalen wie z.
B. Druck, Enge, Ziehen etc. solltest du dein
schriftlich formuliertes Ziel anpassen, bis es
sich für dich stimmig anfühlt.
Als Beispiel möchte ich hier eine junge Frau
nennen, deren Ziel lautete: „Ich nehme das

Angebot meines Chefs für eine Ganztages-
stelle an". Die Vorstellung ihres Zieles, ließ
sie in ihrem Bauch ein Unbehagen spüren.
Den verbesserten beruflichen Entwicklungs-
möglichkeiten stand die schwierige Verein-
barkeit von Familie und Beruf entgegen. Sie
hat ihr Ziel solange verändert, bis sie die
Stimmigkeit spüren konnte. Den neuen
stimmigen Zielsatz brachte sie wie folgt aufs
Papier: „Ich spreche mit meinem Partner offen über dieses Angebot und wir finden gemeinsam einen guten Weg – zu meinem
Wohle und zum Wohle unserer Partnerschaft und unserer Familie".

Nur stimmige Ziele machen dich glücklich!

Mit jedem stimmigen Ziel, das du erreichst, gewinnst du an Lebensfreude!

Dein Verstand kann dir nur sagen, was du willst oder nicht willst!

Die Stimmigkeit spürst du über dein Bauchgefühl!

Zielerreichung verstärken

Erinnere dich doch bitte einmal an deine Schulzeit zurück, als du gemeinsam mit deinen Klassenkameraden gespannt der Rückgabe der korrigierten Diktate bzw. Tests entgegen gefiebert hast. Die Stunde der Wahrheit hat geschlagen, nachdem du das Heft oder den Testbogen aus den Händen des Lehrers entgegen genommen hast. Je größer die Anzahl der roten Korrekturvermerke war, desto bescheidener fiel die Beurteilung aus. Spätestens in der Schule wurde unsere Wahrnehmung auf das Erkennen des Mangels trainiert. Falsch gelöste Aufgabenstellungen rückten in den Fokus und Fehler wurden mit schlechten Noten bestraft. Positive Aspekte wurden bestenfalls am Rande erwähnt.

Im Berufsleben setzt sich dieser Trend fort. Das reibungslose Funktionieren von Abläufen wird oftmals als eine Selbstverständlichkeit vorausgesetzt und verdient deshalb kein positives Feedback, während Fehler kritisch kommentiert werden. (Ich appelliere deshalb an die Teilnehmer meiner Führungsseminare, ihre einseitige Fehlerbrille abzulegen, damit sie ihre Wahrnehmung für die Stärken und die positiven Leistungen ihrer Mitarbeiter öffnen können.)

Gelebte Wertschätzung verlangt nicht nur nach einer aufrichtigen Anerkennung von Leistung, sondern vielmehr nach einer ehrlichen Würdigung von persönlichen Stärken. Wenn wir die persönlichen Qualitäten eines Menschen ansprechen, drücken wir seine Einzigartikeit aus und motivieren ihn, seine Persönlichkeit weiter zu entfalten. Das Loben guter Leistungen bezieht sich auf die Verhaltensebene, während das Hervorheben von Stärken unmittelbar und positiv auf den inneren Wesenskern einwirkt. Werden die Potenziale eines Menschen geschätzt, fühlt er sich angenommen und akzeptiert. Der Zuwachs an Vertrauen fördert die Bereitschaft, seine Ressourcen bewusster auszuschöpfen und Neues auszuprobieren.

Deine persönlichen Stärken möchten von dir entdeckt und wertgeschätzt werden. Warte nicht darauf, bis andere dich an deine Potenziale erinnern, sondern nimm das Heft selbst in die Hand und spüre deinem inneren Wesenskern nach. Es ist deine Lebensaufgabe, deine Potenziale zu erkennen und zu entfalten – zu deinem Wohle und zum Wohle anderer.

Deine persönlichen Stärken sind der Kraftstoff für das Erreichen deiner Ziele!

Situationen verändern sich oftmals spontan und unerwartet, während deine Stärken dich verlässlich begleiten, da du sie in dir trägst. Sobald du beginnst, deine Fähigkeiten zu erkennen, findest du den Zugang, um diese bewusst zu fördern und zu leben.

Ich möchte dich gerne an dieser Stelle beim Aufspüren bzw. beim Konkretisieren deiner persönlichen Stärken unterstützen. Dazu biete ich dir nachstehend eine Reihe von Fähigkeiten an, welche du in aller Ruhe auf dich wirken lassen kannst. Ich bin sicher, dass einige dieser beschriebenen Stärken genau zu dir passen. Viel Spaß beim Stöbern!

Welche dieser 50 Fähigkeiten treffen auf dich zu?

Ich ...

... *übernehme gerne Verantwortung*
... *gehe offen auf andere Menschen zu*
... *vermittle und beruhige aufgeregte Menschen*
... *strukturiere Abläufe sehr gut*

... *packe Aufgaben und Probleme gerade wegs an*
... *bin optimistisch und motiviere dadurch andere*
... *konzentriere mich gut auf Aufgaben*
... *fokussiere mich auf wichtige Details*
... *bin ergebnisorientiert*
... *arbeite gerne im Team*
... *halte mich an vereinbarte Arbeitsabläufe*
... *gehe umsichtig mit Menschen um*
... *treffe rasche Entscheidungen*
... *drücke mich klar und verständlich aus*
... *schaffe ein stabiles und beständiges Umfeld*
... *arbeite genau und zuverlässig*
... *stelle mich Herausforderungen*
... *spreche offen über meine Gefühle*
... *halte mich an Vereinbarungen*
... *entscheide analytisch und objektiv*
... *bin offen für Veränderungen*
... *höre gut zu*
... *stelle mich gut auf neue Situationen ein*
... *kann andere Menschen überzeugen*
... *stehe zu meiner Meinung*
... *erkenne Risiken und spreche sie offen an*
... *plane Vorgehensweisen und kann*

diese gut organisieren

... *baue Vertrauen zu Menschen auf*

... *verfolge meine Vorhaben mit Disziplin*

... *kann mich gut in andere Menschen hineinfühlen*

... *erkenne schnell die Stärken und Schwächen anderer*

... *habe Freude daran, andere Menschen zu entwickeln*

... *setze mich für Fairness ein*

... *entwickle kreative Ideen*

... *bilde Netzwerke*

... *binde Menschen ein, um gemeinsame Lösungen zu finden*

... *achte auf meine Bedürfnisse*

... *kann gut das Wesentliche von Unwichtigem unterscheiden*

... *lerne über das Tun*

... *verfüge über eine gute Vorstellungskraft*

... *bin motiviert, mich dem Wettbewerb zu stellen*

... *habe Freude daran, wieder was ins Laufen zu bringen*

... *bin wissbegierig und lerne leidenschaftlich Neues*

... *durchblicke auch komplexe Zusammenhänge*

... *finde einfach Lösungen für diffizile Probleme*

... *bin bodenständig*
... *bin handwerklich geschickt*
... *kann mich gut selbst motivieren*
... *eigne mir Wissen gerne im Selbststudium an*
... *kreiere gerne zukünftige Visionen*

Geht es dir ähnlich wie anderen Menschen, die überrascht sind, bei sich so wertvolle Stärken zu entdecken? Überlege dir bitte auch noch, über welche weiteren Fähigkeiten du verfügst, die in der Auswahl nicht angeführt sind. Entscheide dich jetzt für fünf Stärken, die aus deiner Sicht ganz besonders zu dir passen und trage sie bitte in das nachstehende Feld ein.

Meine „Basis-Stärken"

Stärke 1: ....

Stärke 2: ....

Stärke 3: ....

Stärke 4: ....

Stärke 5: ....

Vielleicht hast du das Bedürfnis, deine erkannten Fähigkeiten mit einem vertrauten Menschen zu besprechen, um dein Selbstbild mit dessen Meinung abzugleichen. Das Gespräch mit einer wohlgesinnten Person kann deine Einschätzungen mit wertvollen Impulsen erweitern bzw. vertiefen.

Das Wissen über deine Potenziale wirkt positiv auf dein Selbstbewusstsein. Lass uns doch gemeinsam einen Blick auf den häufig verwendeten Begriff „Selbstbewusstsein" werfen. Was ist eigentlich „Selbstbewusstsein"? Im alltäglichen Sprachgebrauch beschreiben wir durchsetzungsstarke und redegewandte Menschen als selbstbewusst. Diese verhaltensorientierte Sichtweise trifft jedoch nicht den Kern der Sache. Selbstbewusstsein bedeutet schlicht und einfach, sich selbst bewusst zu sein.

Das Wissen über deine Fähigkeiten stärkt dein Selbstbewusstsein!

Deine Stärken nähren das Vertrauen in dich selbst und motivieren dich, deine Persönlichkeit anzunehmen und weiter zu entfalten. Menschen, die sich ablehnen, verspüren keine Lust, sich weiter zu entwickeln. Deine Fähigkeiten stärken deinen Mut, neue Herausforderungen anzupacken und geben dir Sicherheit auf dem Weg zum Ziel. Aufgetankt mit der Energie deiner persönlichen Stärken lassen sich deine Ziele deutlich besser erreichen. Frage dich einfach, wie du deine Fähigkeiten in der Umsetzung deiner Ziele einsetzen kannst. Wähle bitte dazu eines deiner „big-five" Ziele aus:

Mein ausgewähltes „big five"-Ziel:

Wie kann ich meine Basis-Stärken für die Zielerreichung einsetzen?

Werde deiner SELBST bewusst und erkenne deine fünf Basisstärken!

Nimm deine Fähigkeiten als wertvolle Geschenke an und schätze sie!

Deine Stärken sind der Kraftstoff für das Erreichen deiner Ziele!

Frage dich, wie du deine Basisstärken einsetzen kannst, um deine Ziele sicher zu erreichen!

Zielblockaden lösen

Als Coach kann ich immer wieder beobachten, dass unbewusste Blockaden Menschen daran hindern, ihre Ziele erfolgreich umzusetzen. Zur Veranschaulichung möchte ich dir dazu gerne das konkrete Beispiel eines jungen Ingenieurs schildern, dessen Ziel es war, ein Eigenheim zu bauen. Der junge Familienvater hatte bereits mehrere Finanzierungsvarianten ausgelotet und es war ihm bewusst, dass er sein Vorhaben nur durch umfängliche Eigenleistungen realisieren könne. Obwohl sich sein Ziel absolut stimmig anfühlte und er handwerkliches Geschick als eine seiner Stärken erkannte, fehlte dem Mann das Zutrauen, einen Teil der Baumaßnahmen in Eigenregie durchzuführen. Woher kam dieser Selbstzweifel?

Im Laufe des Gespräches erwähnte der Ingenieur, dass sein Vater über die Jahre hinweg wiederholt seine Überzeugung äußerte, die studierten Menschen zwei linke Hände zuschrieb. Diese Meinung hat sich während der Kindheit in das Unterbewusstsein meines Klienten eingegraben und ließ in ihm den Glauben entstehen, dass er als gebildeter Kopfarbeiter zu keinen größeren handwerklichen Leistungen imstande sei. Nachdem wir im Rahmen unseres Coachings diesen hinderlichen Glaubenssatz aufgelöst hatten, konnten wir folgenden stimmigen Gedanken aktivieren: „Ich zeige den anderen, was ich kann!" Mit dieser neuen Überzeugung konnte der junge Ingenieur seinen Selbstzweifel ausräumen und mit neu gewonnener Zuversicht den Hausbau starten. Inzwischen bewohnt er mit seiner Frau und den beiden Kindern ein stilvolles Einfamilienhaus und er erzählt selbstbewusst von den zahlreichen gelösten handwerklichen Herausforderungen.

Für das Erreichen deiner Ziele ist es wichtig, mögliche hinderliche Glaubenssätze aufzuspüren und zu verändern. Wie dir das Beispiel des jungen Ingenieurs zeigt, haben Glaubenssätze meist eine längere Entstehungsgeschichte und wirken kraftvoll aus dem Unterbewusstsein.

Erkenne blockierende Glaubenssätze und löse sie auf!

Die Bedienungsabfolge deines Selbstmanagement-Navi's erinnert dich im sechsten Schritt an die Bearbeitung von einschränkenden Glaubenssätzen. Bevor du diese Funktion startest, möchte ich dir noch einiges Wissenswertes zum Thema Glaubenssätze erzählen.

Stelle dir bitte einen Stadtplan von München vor: Was kannst du auf dieser Karte alles erkennen? Sicherlich siehst du die vielen Straßen mit ihren Namen, den Englischen Garten, den Olympiapark, verschiedene U-Bahn-Stationen und berühmte Bauwerke. Dieser Plan ist jedoch kein vollständiges Abbild von München, sondern lediglich ein stark vereinfachtes Modell, welches sich auf die Darstellung der allernötigsten Informationen beschränkt, damit sich auch ein Ortsfremder in dieser Millionenstadt orientieren kann.

Auch in unseren Köpfen ist die komplexe Welt nur in Form einer stark vereinfachten mentalen Landkarte repräsentiert. Ein Großteil der Wirklichkeit blenden wir aus, da sie uns überfordern würde. Jeder Mensch nimmt mit seinen Wahrnehmungen unterschiedliche Situationen auf und integriert diese in sein geistiges Modell der Welt. Schon im Mutterleib und während, bzw. nach der Geburt sammeln Babys die ersten emotionalen Erfahrungen, die im Unterbewusstsein abgespeichert werden. In den ersten Lebensjahren werden Kinder von ihrer Umgebung wesentlich beeinflusst.

Du wurdest besonders stark in deiner Kindheit geprägt!

Auch du wurdest besonders in deiner frühen Kindheit stark von deiner Familie geprägt. Zum einen war dein Speicher im Gehirn höchst aufnahmefähig und zum anderen konntest du die Aussagen deiner Eltern und der anderen Erwachsenen noch nicht kritisch hinterfragen. Alles, was die Großen sagten, hast du ungeprüft übernommen und in deinem Unterbewusstsein als Wahrheit abgespeichert. So entstanden bereits in deinem kindlichen Gehirn erste Glaubenssätze, die das Grundgerüst deiner ganz persönlichen mentalen Landkarte bildeten. Das Muster dieser frühen Glaubensätze legt fest, ob du eine optimistische oder eher eine pessimistische Grundeinstellung hast, ob du dir was zutraust oder eher an dir zweifelst, ob du mehr ängstlich oder eher mehr gelassen bist, ob du dich selbst annimmst oder eher ablehnst etc. Im Laufe der Jahre wurden viele deiner Glaubenssätze durch eigene Erfahrungen bestätigt, da deine Wahrnehmungen besonders jene Ereignisse erfasst und verstärkt haben, die deinen Vorannahmen entsprochen haben. Die Psychologie definiert diesen Vorgang als sogenannte „selbsterfüllende Prophezeihungen".

Deine Glaubenssätze helfen dir, dich in der vielfältigen Welt zu orientieren. Sie bilden sozusagen dein ganz persönliches Leitbild und geben dir vor, was du darfst oder nicht darfst, was du kannst oder nicht kannst, was du sollst oder nicht sollst, was gut oder schlecht ist, was sinnvoll oder sinnlos ist, was richtig oder falsch ist etc.

Deine Glaubenssätze geben dir Orientierung in der komplexen Welt!

Unsere Überzeugungen beeinflussen aus dem Unterbewusstsein heraus unsere Entscheidungen, unser Verhalten und unsere Wahrnehmungen. Üblicherweise laufen Glaubenssätze unbemerkt und automatisiert ab und entfalten eine große Kraft, wie das historische Beispiel des Leichtathleten Roger Bannister zeigt.

Das Jahr 1954 schrieb Sportgeschichte. Niemals zuvor war es einem Menschen gelungen, die Meile (ca. 1,6 Kilometer) in weniger als vier Minuten zu laufen. Nach unzähligen Fehlversuchen glaubte die Fachwelt, dass der menschliche Körper keinesfalls in der Lage sei, die notwendige Geschwindigkeit über diese Distanz zu laufen. Verschiedenste physikalische und mathematische Berechnungen sollten diese Überzeugung untermauern.

Der junge britische Medizinstudent Roger Bannister ließ sich jedoch von dieser Meinung nicht anstecken und entwickelte den festen Glauben, dass er als erster Mensch diese Schallmauer durchbrechen wird. Immer wieder stellte er sich diese Erfolgssituation in allen Einzelheiten vor und ließ sich durch das intensive Gefühl des Triumphes motivieren. Im Unterschied zu anderen Leichtathleten der damaligen Zeit, konzentrierte sich Roger Bannister weniger auf seine Ausdauer. Er legte seinen Focus auf die Optimierung seiner Schnellkraft, weshalb er verstärkt Kurzstreckenläufe trainierte. Am 6. Mai 1954 lief der 25-jährige Roger Bannister auf dem Sportplatz der Universität Oxford an der Iffley Road die Traummeile in 3:59,4 Minuten und widerlegte mit dieser Sensation alle hinderlichen Überzeugungen.

Was anschließend passierte, ist mindestens so spannend und aufschlussreich wie dieser Weltrekord-Lauf. Plötzlich glaubten auch andere Athleten daran, dass auch sie die Meile unter vier Minuten laufen können und so unterbot John Landy nur wenige Wochen später die Fabelzeit vom 6. Mai 1954. Auch in den Jahren danach wurden von verschiedensten Leichtathleten immer wieder neue Bestmarken über die Meile aufgestellt.

Behalte den „Bannister-Effekt" im Auge und lass dich nicht von negativen Überzeugungen anstecken!

Die Geschichte von der Traummeile führt uns eindrücklich die unterschiedlichen Wirkungen von Beliefs vor Augen. Der feste Glaube an die Erreichbarkeit des Zieles beflügelte Roger Bannister, während die gegenteilige Überzeugung jahrelang viele Sportler am Durchbruch der Vier-Minuten-Schallmauer hinderte.

Förderliche Glaubenssätze geben dir Kraft und Zuversicht und unterstützen das Erreichen deiner Ziele, während hinderliche Beliefs deine Entwicklung blockieren.

Du kannst deine einschränkenden Glaubenssätze verändern, sobald du sie erkannt hast!

Wie uns das Beispiel des jungen Ingenieurs zeigt, sind Glaubenssätze veränderbar, da sie nicht vererbt sind, sondern durch die Umwelt und durch eigene Erfahrungen geprägt werden. Ein Belief-Change ist allerdings nur möglich, wenn der Glaubenssatz im Unterbewusstsein entdeckt und klar beschrieben werden kann.

Du kannst nur das verändern, was dir bewusst ist.

Damit du dein Gespür für blockierende Glaubenssätze verfeinern kannst, habe ich für dich die häufigsten hinderlichen Beliefs aus meiner Coachingerfahrung aufgelistet.

Häufige blockierende Glaubenssätze:

Ich kann das nicht, weil …

…	*ich es mir nicht zutraue*
…	*mir die Zeit fehlt*
…	*es für mich unmöglich ist*
…	*es meine Situation nicht erlaubt*
…	*ich zu alt bin*

Ich darf nicht glücklich/erfolgreich/gelassen sein, weil …

...   ich es nicht verdient habe

...   ich die Erwartungen anderer erfüllen muss

...   meine Eltern auch nicht glücklich/ erfolgreich/gelassen sind

...   es das Leben nicht gut mit mir meint

...   ich mich anstrengen muss und stark sein muss

Lass uns kurz einen Blick auf deinen bisherigen Zielerreichungsprozess richten:

Du hast dein Ziel entwickelt und schriftlich formuliert.

Du hast dein Ziel mit allen deinen Sinnen im Unterbewusstsein verankert.

Die Stimmigkeit wurde von deinem Bauchgefühl bestätigt.

Deine persönlichen Stärken stehen für die Umsetzung bereit.

Im nächsten Schritt stellt dir das Selbstmanagement-Navi folgende zwei Fragen:

- Ist es dir möglich, dein formuliertes Ziel zu erreichen?
- Darfst Du dein formuliertes Ziel erreichen?

Tauchen bei der Beantwortung mögliche Einwände auf, so sind dies verlässliche Hinweise auf einschränkende Glaubenssätze, die es aufzulösen gilt. Du wirst dich jetzt sicherlich fragen, wie du solche entlarvten hinderlichen Beliefs sicher und rasch entmachten kannst? An dieser Stelle möchte ich dir die bewährte Reframing-Methode vorstellen.

Du kannst deinem begrenzenden Glaubenssatz seine Wirkungskraft entziehen, indem du diesen hinterfragst und ihn in einen neuen Bezugsrahmen stellst. Reframing bedeutet übersetzt, etwas einen neuen Rahmen geben.

Mit der Reframing-Methode nimmst du hinderlichen Glaubenssätzen die Kraft!

Mit einem konkreten Beispiel möchte ich dir zeigen, wie diese Technik eingesetzt wird:

Herr Berger (Name geändert) entwickelte im Rahmen unseres gemeinsamen Coachings das Ziel, als zukünftiger Vertriebsleiter erfolgreich zu arbeiten. Er hatte die Stelle vom Geschäftsführer angeboten bekommen und nach reiflicher Überlegung zugesagt.

Das formulierte Ziel von Herrn Berger lautete: „Ich arbeite erfolgreich als neuer Vertriebsleiter."

Herr Berger war sich jedoch nicht sicher, ober er wirklich den Herausforderungen als Vertriebsleiter gewachsen sein würde. Im Vergleich zu seinen Vorgängern fehlte ihm ein Studienabschluss.

Der blockierende Glaubenssatz von Herrn Berger sagte: „Ein erfolgreicher Vertriebsleiter braucht einen Studienabschluss."

Anstatt sich selbst in Frage zu stellen, machte sich Herr Berger daran, dieses Belief anzuzweifeln. Er machte sich bewusst, dass seine bisherige Überzeugung nicht der Wahrheit entsprechen muss. Was ist schon die Wahrheit? Ist nicht alles eine Frage der jeweiligen Betrachtung? Unterliegt nicht alles unseren Interpretationen? Ein und derselbe Sachverhalt wird von verschiedenen

Menschen unterschiedlich wahrgenommen und subjektiv bewertet. Folglich kam Herr Berger zu der Einsicht, dass auch sein Glaubenssatz rein subjektiv sei.

Im nächsten Schritt suchte Herr Berger nach Gegenbeispielen, welche die ursprüngliche Gültigkeit seines blockierendes Beliefs aufweichten. Er stellte sich die Frage, welche Menschen beruflich erfolgreich waren, obwohl sie kein Studium absolvierten und was genau deren Erfolgsrezept war.

Anschließend vollzog Herr Berger das Reframing und gab dem Sachverhalt eine neue Deutung. Er kam zu der Überlegung, dass Menschen ohne Studium mehr auf ihre Intuition und auf ihre Erfahrung vertrauten. Diese klare Erkenntnis führte Herrn Berger zu seinem neuen förderlichen Glaubensatz, der sich für ihn auch stimmig anfühlte:

Der neue förderliche Glaubenssatz von Herrn Berger lautete nun: „Meine Intuition und meine Erfahrung machen mich als Vertreibsleiter erfolgreich.

Wie du siehst, gliedert sich die Reframing-Technik in folgende drei Schritte

- Anzweifeln der Gültigkeit des Glaubenssatzes
- Finden von Gegenbeispielen
- Formulieren des neuen und stimmigen Glaubenssatzes

Du wurdest besonders stark in deiner Kindheit geprägt!

Erkenne blockierende Glaubenssätze und löse sie auf!

Du kannst deine einschränkenden Glaubenssätze verändern, sobald du sie erkannt hast!

Die Reframing-Technik hilft dir, blockierende Beliefs zu entmachten und positive Glaubenssätze zu installieren!

Ziel erfolgreich umsetzen

Der siebte und zugleich abschließende Schritt der Navi-Programmierung sieht die Bearbeitung der nachstehenden Checkliste vor:

Schritt-für-Schritt-Checkliste für die erfolgreiche Umsetzung deines Zieles

– Erzeuge Selbstverbindlichkeit
– Suche dir einen Ziel-Partner
– Richte deinen Fokus auf Lösungs- orientierung
- Gib nie aus einer momentanen Laune heraus auf
– Schalte bei Bedarf einen Gang zurück
– Belohne dich
– Wende den „5-Minuten-Trick" an

Diese Tipps helfen dir, dich aus dem Sog deiner Gewohnheiten zu befreien, damit du deine Ziele erfolgreich umsetzen kannst. Bereits der berühmte deutsche Dichter Johann Wolfgang von Goethe (1749 – 1832) wusste um die Wichtigkeit der Taten. Sein nachstehendes Zitat besitzt heute genauso Gültigkeit wie vor rund 200 Jahren.

„Erfolg hat drei Buchstaben: T U N"

Bevor du in Kürze mit der Umsetzung deines ersten Zieles startest, solltest du die in der Checkliste enthaltenen Hinweise berücksichtigen. Beginnen wir gleich mit dem ersten Tipp!

Schritt für Schritt

Das Gehen ist die ursprünglichste Form der menschlichen Fortbewegung. Es basiert auf dem Prinzip der sequenziellen Abfolge, in welcher ein Schritt auf den nächsten Schritt folgt. Diese bewährte Technik lässt sich optimal für die Erreichung von Zielen nutzen. Frage dich also, in welche sinnvollen Abschnitte sich der Umsetzungsprozess gliedern lässt, die du nacheinander durchlaufen kannst. Lass uns dazu einen gemeinsamen Blick auf ein paar konkrete Beispiele richten.

Stell dir bitte vor, dass du folgendes Ziel erreichen möchtest: „Ich fühle mich gut, wenn ich NEIN sage". Ein erster wichtiger Teilerfolg wäre, wenn es dir gelingt, statt spontaner Zusagen deine Antworten erst nach einer Überlegungsphase zu geben. So könntest du argumentieren, dass du grundsätzlich gerne helfen möchtest, jedoch noch das eine oder andere abklären musst, bevor du eine verbindliche Zusage machen kannst. Im Rahmen des nächsten Schrittes deiner Zielumsetzung könntest du deine Wahrnehmung schärfen, ob der andere deine Unterstützung aus Bequemlichkeit anfordert, oder ober er echte Hilfe braucht. In der nächsten Phase könntest du deine Fähigkeit des „NEIN-Sagens" in einfacheren Situationen üben, bevor du deinem bequemen Chef elegant und sachlich erklärst, warum du aktuell keine Zusatzaufgaben übernehmen kannst.

Solltest du beispielsweise das Ziel verfolgen, Konflikte zukünftig offen und sachlich anzusprechen, könnte es für dich sehr hilfreich sein, zunächst Techniken der Gesprächsführung zu lernen. Die erweiterte kommunikative Kompetenz könnte zusätzlich deine Selbstsicherheit stärken.

Die Step-by-step-Methode empfehle ich auch für die Umsetzung privater Ziele. Angenommen du möchtest mehr Harmonie in deine Partnerschaft bringen, so könntest du damit beginnen, deinem Partner bzw. deiner Partnerin aufmerksamer zuzuhören. Versuche im nächsten Schritt, mehr und mehr die Welt durch die Augen deines Partners bzw.

deiner Partnerin zu betrachten. Das wachsende Verständnis führt zu mehr Vertrauen und gibt den gemeinsamen Aktivitäten eine neue Qualität.

Erzeuge Selbstverbindlichkeit

Die meisten Menschen möchten von ihrer Umwelt als ehrlich und verlässlich wahrgenommen werden. Deshalb sind wir bestrebt, angekündigte Taten auch wirklich umzusetzen. Wohl keiner möchte als bloßer Sprücheklopfer angesehen werden, dessen Worte kein Gehör mehr finden. Indem wir unsere Ziele öffentlich aussprechen, erzeugen wir den Druck der Selbstverbindlichkeit. Wir möchten zu unserem Wort stehen und den anderen zum Beispiel beweisen, dass wir das Chaos auf unserem Schreibtisch durch eine nachhaltige Ordnung ersetzen können.

Dieses Bedürfnis nach Akzeptanz und Respekt kannst auch du dir zu Nutze machen. Erzähle deiner Familie, deinen Freunden und deinen Kollegen von deinem Ziel, dass du erreichen wirst.

Dein öffentlich verkündeter Vorsatz hat große Kraft!

Die Öffentlichkeit deines Vorhabens stimmuliert deine Motivation und deine Umsetzungsstärke. Die Bequemlichkeitsfalle verliert an Kraft und dein innerer Schweinehund ist gezähmt.

Suche dir einen Ziel-Partner

Meine Tochter Rebekka hat das Sportklettern als neues Hobby für sich entdeckt und mir erzählt, dass vor jedem Aufstieg der Kletterpartner ihre Haken und Knoten zusätzlich checkt. Dieses Vier-Augen-Prinzip hilft, Unfallrisiken zu verringern und die Sicherheit beim Klettern zu erhöhen.

Auf deinem Weg zum Ziel kann ein Partner auch für dich eine wertvolle Unterstützung sein. Kennst du einen Menschen, der dir das Gefühl gibt, dich in deiner Entwicklung wirklich unterstützen zu wollen? Kennst du eine Person, die sich mit dir über dein Glück und deine Erfolge ehrlich freut? Solche wohlwollenden Menschen sind ein wahres Geschenk und sie können dir in der Umsetzung deiner Ziele wertvolle Impulse geben. Gewinne solch einen Menschen als deinen Partner, der dir regelmäßig wertvolles und ehrliches Feedback gibt und dich mit guten Tipps und klaren Worten ermutigt, deinen

Weg zum Ziel unbeirrt fortzusetzen. Vier Augen sehen bekanntlich mehr als zwei und so erkennt dein Partner Lösungen, während deine Gedanken im Problem fest stecken.

Dein Ziel-Partner sollte streng mit dir sein!

Ein guter Ziel-Partner darf auch unbequem sein, wenn er dir beispielsweise deine Autoschlüssel erst aushändigt, nachdem du vor Büroschluss deine Tagesplanung für den nächsten Tag erstellt hast und du somit deinen Vorsatz nach einer strukturierten Zeitplanung erfüllst.

Richte deinen Fokus auf Lösungsorientierung

Unser innerer Schweinehund redet uns gerne ein, dass unser Vorhaben sowieso nicht funktionieren wird. Wenn wir seiner Stimme Gehör schenken, beginnen wir an der Erreichung unseres Zieles zu zweifeln und verlieren den Mut, beharrlich an der Umsetzung zu arbeiten. Behalte deshalb dein Ziel ständig vor Augen und erkenne Probleme als Herausforderungen, an denen du wachsen kannst, indem du diese löst. Frage dich bei auftauchenden Hindernissen, wie es für dich trotzdem möglich ist, dein Ziel zu erreichen, anstatt dich vorschnell abschrecken zu lassen.

Gib deinem kreativen Verstand die Chance, neue Wege zu deinem Ziel zu finden!

Nehmen wir mal an, du hast dir vorgenommen, nebenberuflich ein Bachelor-Studium zu absolvieren. Die Abend- und Wochenendkurse sind zwar anstrengend, jedoch macht dir die Ausbildung grundsätzlich Spaß. Was dir wirklich Schwierigkeiten bereitet, ist das Lernen der vielen Inhalte. Es fällt dir schwer, das aufgenommene Wissen im Gedächtnis zu behalten und manchmal hast du das Gefühl, das Erlernte durcheinander zu bringen. Anstatt dich selbst und dein Ziel in Frage zu stellen, suche mutig nach Lösungsmöglichkeiten. Vielleicht findest du neue Lerntechniken, die speziell für deinen persönlichen Wahrnehmungstyp geeignet sind. Möglicherweise gelingt es dir, zusammen mit deinen Kollegen eine Lerngruppe zu bilden oder du passt deine Lernzeiten deinem Biorhythmus an und verbesserst dadurch deutlich deine Wissensaufnahme.

Gib nie aus einer momentanen Laune heraus auf

Ein Stimmungstief sollte niemals Anlass sein, um ein wertvolles Ziel einfach fallen zu lassen. Erinnere dich in solchen negativen Phasen daran, was dich ursprünglich motiviert hat, dein Vorhaben zu erreichen. Auch Thomas Alva Edison (1847 – 1931) musste bei der Weiterentwicklung der Glühbirne viele Fehlversuche überwinden, bis er die neue elektrische Lichtquelle zur Produktionsreife führen konnte. Die Beharrlichkeit des Herrn Edison können wir als eindrückliche Botschaft verstehen, trotz Hindernissen und Rückschlägen an der Umsetzung des Ziels weiter zu arbeiten. Wenn der Frust zu stark wird, dann schmeiße für den heutigen Tag alles hin und schlafe eine Nacht darüber. Am nächsten Morgen haben sich deine Gedanken beruhigt und du kehrst mit einem klareren Blick zu deiner Aufgabe zurück.

Schalte bei Bedarf einen Gang zurück

Die Art und Weise, wie wir unsere persönlichen Ziele erreichen, liegt meist in unseren Händen. Ein Angestellter beispielsweise, der sich mehr bewegen möchte, um seinen erhöhten Blutdruck und sein Übergewicht in den Griff zu bekommen, setzt sich das Ziel, regelmäßig zu joggen. Er kann sich dafür entscheiden, seine Laufleistung mit einer Sport-App bzw. einer Uhr zu messen oder er verzichtet bewusst auf eine Überwachung und genießt das Joggen.

Gönne deinem Perfektionismus eine Pause!

Solltest du das Gefühl haben, die Umsetzung deines Zieles kostet dich zu viel Kraft, dann konzentriere dich einfach auf das Tun und rücke Leistungsanforderungen wie z. B. Abgabetermine oder qualitative Vorgaben vorübergehend in den Hintergrund. Meist ist es nicht die Arbeit an sich, die uns die Energie raubt, sondern der empfundene Leistungsdruck. Gönne deinem Perfektionismus mal eine Pause und erlaube dir bewusst, auch mit 80 Prozent zufrieden zu sein. Du wirst staunen, wie gut sich diese Leichtigkeit anfühlt und wie rasch du wieder neue Energien in dir spürst.

Belohne dich

In Aussicht gestellte Belohnungen erzeugen in uns das angenehme Gefühl der Vorfreude und eignen sich somit gut zur Selbstmotivation. Das Ausfüllen der trockenen Steuererklärung verliert an Schrecken, wenn wir uns beispielsweise auf den anschließenden Kinobesuch freuen können. Gemäß dem Motto „Zuerst die Arbeit und dann das Vergnügen", erledigen wir zügig die anstehenden Aufgaben, um die anschließende Belohnung so richtig genießen zu können. Die Belohnung muss nichts Großes sein, jedoch solltest du sie als eine Abwechslung vom Alltag erleben. Vielleicht wäre ja für dich ein gut duftendes Vollbad oder ein feiner Kaffee vor dem knisternden Kaminfeuer ein Genuß. Es gibt so viele Möglichkeiten, sich spontan zu verwöhnen und aus der täglichen Routine auszusteigen.

Wende den „Fünf-Minuten-Trick" an

Wer kennt sie nicht, die „Aufschieberitis"! Wir neigen dazu, unangenehme Dinge so lange vor uns her zu schieben, bis die Dringlichkeit uns keine Wahl mehr lässt. Meist sind es unangenehme Gespräche bzw. Telefonate, Arztbesuche oder schwierige Aufgabenstellungen, die wir bewusst verdrängen. Der wachsende Zeitdruck verstärkt unser schlechtes Gewissen, welches sich immer unangenehmer bemerkbar macht. Der „Fünf-Minuten-Trick" kann hier eine schnelle Abhilfe schaffen. Nimm dir einfach vor, mit der Aufgabe rasch zu starten und einfach nur fünf Minuten daran zu arbeiten. Du wirst sehen, dass du wesentlich mehr Zeit in die Bearbeitung investieren wirst als die geplanten wenigen Minuten. Es geht einfach nur um das Beginnen!

Gehe Schritt für Schritt auf dein Ziel zu!

Sprich über deine Ziele und finde einen Zielpartner!

Denke in Lösungen und nicht in Problemen!

Gönne deinem Perfektionismus eine Pause und belohne dich!

Zähme deinen inneren Schweinehund mit dem „Fünf-Minuten-Trick"!

Das Selbstmanagement-Navi in Aktion

Möchtest du wissen, wie das Selbstmanagement-Navi in ganz konkreten Situationen funktioniert? Dann lies bitte die nächsten Seiten. Ich habe für dich Praxisbeispiele aus den folgenden drei Lebensbereichen ausgewählt:

Gesundheit
Gelassenheit
Beruflicher Erfolg

Gesundheit

Einer meiner Klienten war Unternehmer. Er führte einen Handwerksbetrieb mit rund 20 Mitarbeitern. Sein Arzt riet ihm eindringlich, sein Übergewicht zu reduzieren, das für seinen hohen Blutdruck mitverantwortlich war. Er hatte schon einige Fehlversuche hinter sich und wollte diesmal einen neuen Weg einschlagen. Als ich ihm das Selbstmanagement-Navi vorstellte, war er schnell motiviert, dieses auch anzuwenden. Aus der Sicht des Klienten sah sein Navi-Prozess wie folgt aus:

Ziel bestimmen

Dauerhafte Reduktion des Körpergewichts um 15 Kilogramm, um gesundheitlichen Beeinträchtigungen wie z. B. dem erhöhten Blutdruck entgegen zu wirken.

Ziel schriftlich formulieren

„Ich ernähre mich gesund und ich bewege mich dreimal wöchentlich mindestens eine halbe Stunde (Laufen, Radfahren, Schwimmen)."

Ziel im Unterbewusstsein programmieren

„Ich stelle mir mit geschlossenen Augen immer wieder vor, was ich alles sehen kann, wenn ich mich gesund ernähre und mich körperlich bewege: Ich sehe die gesunden Speisen, die ich esse. Ich sehe die wunderbare Natur um mich herum, wenn ich mich draußen bewege ..."

„Ich stelle mir mit geschlossenen Augen immer wieder vor, was ich alles hören kann, wenn ich mich gesund ernähre und mich körperlich bewege: Ich höre das Knacken in meinem Mund, wenn ich frisches Gemüse kaue. Ich höre die Vögel singen, wenn ich mich in der Natur bewege ..."

„Ich stelle mir mit geschlossenen Augen immer wieder vor, wie es sich für mich anfühlt, wenn ich mich gesund ernähre und mich körperlich bewege: „Ich fühle wohltuende Leichtigkeit in meinem Magen und in meinem ganzen Körper, wenn ich gesunde Lebensmittel esse. Ich fühle frische Energie durch meinen Körper fließen, wenn ich mich an der Luft bewege ..."

„Ich stelle mir mit geschlossenen Augen immer wieder vor, was ich alles riechen und schmecken kann, wenn ich mich gesund ernähre und mich körperlich bewege: Ich rieche und schmecke Petersilienkartoffeln, Kräuter und frisches Brot. Ich rieche die würzige Luft der Nadelbäume, wenn ich mich im Wald bewege ..."

Ziel auf Stimmigkeit überprüfen

„Während ich mir mit geschlossenen Augen immer wieder vorstelle, mich gesund zu ernähren und mich regelmäßig zu bewegen, spüre ich in meinen Bauch hinein und nehme wahr, wie sich dieses Ziel gut in mir anfühlt. Das Ziel ist stimmig für mich!"

Zielerreichung verstärken

„Zu meinen Stärken zählt, dass ich mich an Vereinbarungen halte. Deshalb schließe ich einen Vertrag mit mir selbst, in welchem ich mich verpflichte, mich in den nächsten sechs Monaten gesund zu ernähren und mich dreimal wöchentlich für mindestens eine halbe Stunde sportlich zu betätigen. Diese Vereinbarung halte ich schriftlich fest und besiegele diese mit meiner Unterschrift. Als talentierter Netzwerker sollte es für mich auch eine Leichtigkeit sein, Menschen aus meiner Nähe zu finden, mit denen ich gemeinsam Sport machen kann. Ich könnte somit meine Geselligkeit mit der Bewegung verbinden."

Zielblockaden lösen

„Auf die Frage, ob ich mein Ziel erreichen darf, kann ich mit einem klaren „JA" antworten. Allerdings zweifle ich daran, ob es mir tatsächlich gelingt, mein Vorhaben nachhaltig umzusetzen. Die bisherigen Versuche, mein Körpergewicht dauerhaft zu reduzieren, sind gescheitert. Offensichtlich fehlt es mir an der nötigen Willenskraft. Aber ist nicht alles eine Frage der Sichtweise? Vielleicht verbirgt sich ja hinter der vermeintlichen Willenschwäche der Hinweis, dass ich mit meinen Diäten den falschen Lösungsansatz gewählt habe. Spricht es nicht für mein Durchhaltevermögen, dass ich nach weiteren Möglichkeiten gesucht habe und mit dem Selbstmanagement-Navi einen neuen und erfolgsversprechenden Weg gefunden habe? Mein neuer Glaubenssatz lautet: „Ich beweise mir selbst, dass der neue Weg erfolgreich ist."

Ziel erfolgreich umsetzen

„Ich bin ein Mensch, der die Abwechslung schätzt. Damit ich die Freude an der Bewegung auch über einen längeren Zeitraum spüren kann, ist es für mich wichtig, auf unterschiedliche Weise sportlich aktiv zu sein. Wenn mir mein innerer Schweinehund wieder in die Quere kommt, wende ich den Fünf-Minuten-Trick an. Ich sage mir einfach, dass ich heute nur fünf Minuten Sport mache und beginne dann anschließend zu laufen, zu schwimmen etc."

Gelassenheit

Zahlreiche meiner Seminarteilnehmer und Klienten fühlten sich durch chronischen Stress stark belastet. Auch die Leiterin einer

Controllingabteilung wünschte sich im Rahmen unseres Coachings, ihre permanente Anspannung los zu werden. Sie erzählte mir über ihre Schlafstörungen, ihre Kopfschmerzen und ihre schmerzhaften körperlichen Verspannungen. Die aufgesuchten Ärzte empfahlen der leitenden Angestellten, die Lebenseinstellung zu verändern, da sie ihren Perfektionismus als wesentliche Stressquelle vermuteten. Die Mediziner wussten, dass seelische Anspannung zu körperlicher Verspannung und zu Spannungskopfschmerzen führt. Hinter dem Perfektionismus verbirgt sich die Angst, nicht gut genug zu sein, weshalb Perfektionisten einen sehr hohen Leistungsanspruch an sich und an andere Menschen stellen. Sich ständig beweisen zu müssen und ja keine Fehler zu machen, erzeugt einen permanenten und auf Dauer schädlichen Druck. Nachdem sich die Klientin der psychosomatischen Hintergründe ihrer Beschwerden bewusst war, startete sie ihren gewünschten Veränderungsprozess mit Hilfe des Selbstmanagement-Navis. Nachstehend sind die sieben Schritte dieses Ablaufes aus der Sicht der Klientin angeführt:

Ziel bestimmen

Die ständige innere Anspannung, die Schlaf-störungen, Kopfschmerzen und körperliche Verspannungen verursacht, soll aufgelöst werden.

Ziel schriftlich formulieren

„Ich lebe und genieße meine neu entdeckte Gelassenheit."

Ziel im Unterbewusstsein programmieren

„Ich stelle mir mit geschlossenen Augen im-mer wieder vor, was ich alles sehen kann, wenn ich meine neu entdeckte Gelassenheit lebe und genieße: Ich sehe meine entspann-te Körperhaltung und mein entspanntes Lä-cheln. Ich sehe, wie andere Menschen er-freut auf meine Gelassenheit reagieren …

„Ich stelle mir mit geschlossenen Augen im-mer wieder vor, was ich alles hören kann, wenn ich meine neu entdeckte Gelassenheit lebe und genieße: Ich höre meine ruhige Stimme und meine zuversichtlichen Worte.
Ich höre das positive Feedback anderer Menschen …

„Ich stelle mir mit geschlossenen Augen immer wieder vor, wie es sich für mich anfühlt, wenn ich meine neu entdeckte Gelassenheit lebe und genieße: Ich fühle die Weite und Leichtigkeit meines Atems. Ich fühle Lockerheit in allen meinen Muskeln ...“

„Ich stelle mir mit geschlossenen Augen immer wieder vor, was ich alles riechen und schmecken kann, wenn ich meine neu entdeckte Gelassenheit lebe und genieße: Ich rieche und schmecke den frischen Kräutertee, welchen ich morgens in Ruhe genieße, bevor ich gelassen und zuversichtlich in den neuen Tag starte ...“

Ziel auf Stimmigkeit überprüfen

„Meine vorgestellte Gelassenheit löst in meinem Bauch ein angenehmes Gefühl von Ruhe und Leichtigkeit aus und bestätigt mir, dass dieses Ziel für mich absolut stimmig ist.“

Zielerreichung verstärken

„Als Frau war es für mich nicht immer ganz einfach, die Karriereleiter in der Welt der Zahlen nach oben zu klettern. Meine Geradlinigkeit und meine Entscheidungskraft haben mir in meiner beruflichen Entwicklung sehr geholfen. Für mich war es immer wichtig, zu meinen Entscheidungen zu stehen und mir selbst immer treu zu bleiben. Es ist meine alleinige Entscheidung, mehr Gelassenheit zu leben und für mich hat dieses Ziel die höchste Priorität. Ich bin bereit, meinen Weg der Gelassenheit unbeirrt zu gehen – zu meinem Wohle und zum Wohle anderer Menschen!"

Zielblockaden lösen

„Ich gebe mir die ausdrückliche Erlaubnis, meine neu entdeckte Gelassenheit leben und genießen zu dürfen. Meine Eltern haben mir das Leben geschenkt und ich mache das Beste aus diesem Geschenk. Ihnen zur Freude lebe ich ein Leben voller Gelassenheit und Glück. Jedoch stelle ich mir die Frage, ob ich in meinem Beruf erfolgreich sein kann, wenn ich die hohen Erwartungen an mich selbst reduziere? Werden meine Leistungen darunter leiden und ich mein Ansehen oder gar meinen Job verlieren? Aber gibt es nicht auch Menschen, die Gelassenheit leben und beruflich erfolgreich sind? Wenn ich darüber nachdenke, fällt mir beispielsweise mein Chef ein, der mit seiner Ruhe und seiner Ausgeglichenheit überzeugt. Er bleibt in arbeitsintensiven und heiklen Phasen gelassen und wirkt dadurch souverän. Ich denke, dass Gelassenheit nicht nur mein Wohlbefinden stärkt, sondern auch meinen beruflichen Erfolg unterstützt. Mein neuer Glaubensatz lautet: *Souverän statt perfekt.*"

Ziel erfolgreich umsetzen

„Ich möchte das Gefühl der Gelassenheit step-by-step aufbauen. Zunächst werde ich regelmäßig meinen ganz persönlichen Kraftort aufsuchen, um Ruhe und innere Balance zu tanken. Es ist ein besonderer Ort, der am Ufer eines kleinen Sees liegt. Die unberührte Natur lässt mich weit und tief atmen und ich kann dort meine Gedanken einfach loslassen. Desweiteren werde ich meine überhöhten Erwartungshaltungen aufspüren und durch realistische Vorstellungen ersetzen. Ich werde mir täglich vor dem Einschlafen die Frage stellen, wofür ich in meinem Leben dankbar bin. Die positiven Gedanken werden mir helfen, den Herausforderungen des Alltags gelassener zu begegnen."

Beruflicher Erfolg

Erfolg haben Personen, denen es gelingt, andere Menschen zu motivieren und deren Potenziale frei zu setzen. Diese Erkenntnis musste der technische Leiter eines großen Installationsunternehmens erst gewinnen, um seinen zukünftigen Erfolg zu ermöglichen. Er wechselte als anerkannte Fachkraft in eine Führungsrolle, in welcher er zu scheitern drohte. Als Verantwortlicher für den technischen Bereich war es seine Kernaufgabe, die verschiedensten Bauprojekte zu koordinieren. Leider verstrickte er sich in viel zu viele Details und begann die Projektleiter in ihrem Tagesgeschäft zu bevormunden. Seine ständigen Kontrollen kosteten ihn sehr viel Zeit. Außerdem demotivierte er durch sein Verhalten seine Mitarbeiter und erzeugte auch noch massiven persönlichen Stress, wodurch sich der Abschluss von termingebundenen Installationsprojekten unnötig verzögerte.

Der technische Leiter erhoffte sich mit Hilfe des Coachings einen Ausweg aus seiner Sackgasse und auch in diesem Fall gab ich dem Klienten das Selbstmanagement-Navi als wertvolles Tool an die Hand. Der konkrete Ablauf sah wie folgt aus:

Ziel bestimmen

Die Mitabeiter mehr einbinden, um ihre Stärken zu nützen, anstatt zuviel Zeit mit Kontrolle zu verschwenden und die eigene Kernaufgabe dadurch zu vernachlässigen.

Ziel schriftlich formulieren

„Ich fördere das selbstständige Arbeiten meiner Mitarbeiter."

Ziel im Unterbewusstsein programmieren

„Ich stelle mir mit geschlossenen Augen immer wieder vor, was ich alles sehen kann, wenn ich das selbstständige Arbeiten meiner Mitarbeiter fördere: Ich sehe meinen zuversichtlichen Gesichtsausdruck. Ich sehe, wie meine Mitarbeiter positiv reagieren, wenn ich ihnen etwas zutraue ..."

„Ich stelle mir mit geschlossenen Augen immer wieder vor, was ich alles hören kann, wenn ich das selbstständige Arbeiten meiner Mitarbeiter fördere: Ich höre meine klaren und motivierenden Worte. Ich höre die Lösungsideen meiner Mitarbeiter ..."

„Ich stelle mir mit geschlossenen Augen immer wieder vor, wie es sich für mich anfühlt, wenn ich das selbstständige Arbeiten meiner Mitarbeiter fördere: Ich fühle Leichtigkeit, wenn meine Mitarbeiter ihre Aufgaben alleine meistern. Ich fühle ein wenig Stolz, da ich meine Führungsaufgabe gut lebe ..."

„Ich stelle mir mit geschlossenen Augen immer wieder vor, was ich alles riechen und schmecken kann, wenn ich das selbstständige Arbeiten meiner Mitarbeiter fördere: Ich rieche den neuen Holzboden des Besprechungsraumes, in welchem die Projektleiter und ich gemeinsam passende Lösungen entwickeln ..."

Ziel auf Stimmigkeit überprüfen

„Es fühlt sich für mich richtig gut an, wenn ich die Mitarbeiter zu Mit-Denkern mache und ich mich auf die Koordination der Projekte konzentrieren kann. Mein formuliertes Ziel ist stimmig für mich."

Zielerreichung verstärken

„Als ergebnisorienter Typ ist es mir wichtig, mit meinen Mitarbeitern klare Ziele zu vereinbaren und diese auch einzufordern. Ich werde jedoch den Projektleitern mehr zutrauen und ihnen erweiterte Gestaltungsräume geben, innerhalb derer sie eigenständige Entscheidungen treffen können. Da es mir gut gelingt, die Stärken von Menschen zu erkennen, werde ich besonders auf die individuellen Potenziale meiner Projektleiter achten und diese zum Wohle des Mitarbeiters und zum Wohle des Unternehmens weiterentwickeln."

Zielblockaden lösen

„Die Dinge unter Kontrolle zu haben, hat mir im Leben bisher viel Sicherheit gegeben. Möchte ich wirklich die Kontrolle durch das Vertrauen ersetzen? Was ist, wenn den Projektleitern doch gröbere Fehler passieren und ich als technischer Leiter meinen Kopf hinhalten muss? Ich erinnere mich an ein bewegendes Buch, dass ich vor längerer Zeit gelesen habe. Darin stand geschrieben, dass das Leben ein „Sowohl als auch" ist. Es müsste also möglich sein, sowohl eine beruhigende Kontrolle aus zu üben als auch meinen Mitarbeitern mehr Entscheidungsfreiräume zu geben. Ich glaube, dass mir regelmäßige Abstimmungsgespräche mit den Projektleitern den ausreichenden Einblick geben, um mögliche Fehlentwicklungen rechtzeitig zu erkennen. Eine hundertprozentige Sicherheit gibt es ja ohnehin nicht und mein Erfolg als technischer Leiter wird nicht an meiner Kontrolltätigkeit, sondern an den positiven Projektabschlüssen gemessen. Mein neues Belief lautet deshalb: *Mein Vertrauen stärkt meine Projektleiter und sichert meinen Erfolg.*"

Ziel erfolgreich umsetzen

„Der kaufmännische Leiter wird von seinen Leuten sehr geschätzt. Ihm gelingt es offensichtlich ganz ausgezeichnet, die Mitarbeiter motivierend und ergebnisorientiert zu führen. Ich werde ihn deshalb fragen, ob er mich als Sparringpartner auf dem Weg zu meinem Ziel unterstützt. Sein regelmäßiges Feedback und seine wertvollen Tipps können mir eine große Hilfe sein. Im Rahmen eines Teammeetings werde ich den Projektleitern meinen neuen „Kurs" mitteilen und mit ihnen gemeinsam besprechen, wie wir zukünftige Abstimmungsgespräche für beide Seiten effizient gestalten können. Mir ist auch wichtig, dass die Projektleiter und ich unsere gegenseitigen Erwartungshaltungen offen austauschen und wir zukünftig verstärkt gemeinsam an Lösungen arbeiten."

Die Fabel vom Frosch

Die Frösche kamen auf die Idee, eine Olympiade auszutragen. Als Höhepunkt fand ein Wettlauf statt, dessen Ziel die Spitze eines hohen Turmes war. Tausende Frösche hatten sich als Zuschauer versammelt, um ihre Artgenossen anzufeuern. Immer wieder rief das Publikum zu den hüpfenden Fröschen, dass sie das Ziel wohl nie erreichen könnten. Tatsächlich gaben immer mehr Frösche auf, weshalb sich die Zuschauer in ihrer Meinung bestärkt sahen und immer öfters und lauter ihre zweifelnden Worte riefen: „Die armen Frösche! Den Turm werden sie nie und nimmer erklimmen! Das schaffen sie sicher nicht!"

Zum Erstaunen aller Beteiligten bewältigte ein einziger Frosch diese anspruchvolle Strecke und winkte als Sieger von der Turmspitze herunter. Als er wieder unten angekommen war, wollten die anderen Frösche von ihm wissen, wie diese Meisterleistung möglich war. Der Triumphator konnte jedoch diese Frage nicht hören, da er taub war.

Ich wünsche mir für dich, lieber Leser, dass du deinen ganz persönlichen Weg zu deiner Lebensfreude findest und du dein Glücklich-Sein so richtig genießen kannst.

Es würde mich freuen, wenn dir mein Buch dabei eine kleine Hilfestellung geleistet hat.

Über den Autor:

Mag. Rudi Beirer, Jahrgang 1964, ist Geschäftsführer des „Institut Beirer", das er vor mehr als 10 Jahren gegründet hat. Über die Jahre hinweg hat Rudi Beirer über 3000 Menschen erfolgreich trainiert und gecoacht und verschiedenste Organisationen in ihren Entwicklungsprozessen begleitet. Der diplomierte Psychologe bildet selber Coaches aus und hat sich auf die Themen Zeit- und Selbstmanagement sowie Führung und Teamentwicklung spezialisiert.

Das von Rudi Beirer entwickelte Selbstmanagement-Navi gibt Menschen ein Werkzeug an die Hand, um ihre Ziele sicher zu erreichen. Die Leserinnen und Leser erhalten sofort umsetzbare Tipps, wie sie ihre Vorhaben in den verschiedensten Lebensbereichen nachhaltig und erfolgreich umsetzen können. Ist das Selbstmanagement-Navi erst einmal richtig eingestellt, führt es die Leserinnen und Leser zwangsläufig und sicher an die

individuell stimmigen Ziele, die erfolgreich und glücklich machen.

Für Rudi Beirer ist Glück mehr als nur
Zufriedenheit: Wir Menschen sind dann
glücklich und erfolgreich, wenn wir Lebensfreude spüren. Freude ist Spitzenmotivation und entsteht, sobald wir beginnen unsere Stärken und Interessen zu
entfalten.

Dieses Buch liefert einen kompakten und
sehr praxisorientierten Einblick in die
Anwendung des Selbstmanagements für
alle Lebensbereiche.

Weiteres Buch von Rudolf Beirer: